Sam Harris

Lügen

Sam Harris

LÜGEN

Kurze Beine, lange Folgen

Edition Spuren

Titel der amerikanischen Originalausgabe
Lying

Bahnhofplatz 14, CH-8400 Winterthur
edition@spuren.ch www.spuren.ch

Übersetzung aus dem Amerikanischen: Thomas Imboden
Umschlaggestaltung und Lektorat: Martin Frischknecht
Printed in Czech Republic
Druck und Bindung: Finidr
ISBN 978-3-905752-55-7

Für Emma

Inhalt

Der ethische Analytiker

Unter den vielen Widersprüchen des menschlichen Lebens ist vielleicht dieser einer der folgenreichsten: Wir verhalten uns oft auf eine Weise, die uns unweigerlich ins Unglück führt.

Viele Menschen bewegen sich in ihrem Leben sehenden Auges direkt auf einen Zustand des Bedauerns, der Reue, der Schuldgefühle und der Enttäuschung zu. Und nirgends scheinen die Verletzungen, die wir uns selber so beiläufig zufügen, oder das Leiden, das wir uns doch selber einbrocken, eklatanter in einem Missverhältnis zu den Erfordernissen des Augenblicks zu stehen als in den Lügen, die wir anderen Menschen auftischen. Lügen ist der Königsweg ins Chaos.

Als Studienanfänger in Stanford besuchte ich ein Seminar, das mein Leben tiefgreifend verändern sollte. Es hieß »Der ethische Analytiker« und wurde vom außerordentlich talentierten Professor Ronald A. Howard[1] in Form eines Sokratischen Dialogs geleitet. Unser Gespräch drehte sich einzig um diese eine Frage der praktischen Ethik:

Ist es falsch zu lügen?

Auf den ersten Blick mag dies als eher schwache Grundlage für einen ganzen Hochschulkurs erscheinen. Schließlich denken die meisten Menschen schon, dass lügen im Allgemeinen falsch ist; und sie wissen auch, dass es im Leben gewisse Situationen gibt, in denen Lügen gerechtfertigt sind. An diesem Seminar faszinierte mich jedoch, wie schwierig es war, Beispiele für tugendhafte Lügen zu finden, die Howards gestrenger Untersuchung standhielten. Unter welchen Umständen auch immer die meisten guten Menschen ohne Skrupel lügen würden: Professor Howard fand dazu meist Wahrheiten, die es zumindest verdienten, erwogen zu werden.

Ich erinnere mich nicht, was ich vor dem Besuch des »ethischen Analytikers« übers Lügen dachte. Aber der Kurs vollbrachte in meinem Gehirn ein veritables System-Update, wie ich es sonst kaum je erlebt habe. Seither bin ich überzeugt, dass lügen – selbst in kleinen Angelegenheiten – den zwischenmenschlichen Beziehungen und dem öffentlichen Vertrauen unnötig schadet.

Ich kann kaum beschreiben, welche Erleichterung es für mich war, dies zu realisieren. Nicht dass ich vor Howards Seminar gewohnheitsmäßig log; nun aber wusste ich, wie leicht endloses Leiden und unzählige Peinlichkeiten vermieden werden können, wenn wir geradeheraus die Wahrheit sagen. Und erstmals sah ich in meinem Umfeld, was für Konsequenzen es hat, dass andere nicht nach diesem Grundsatz zu leben vermögen.

Diese Erfahrung bleibt in meinem Leben ein leuchtendes Beispiel für die Kraft philosophischer Reflexion. »Der ethische Analytiker« beeinflusste mich auf eine Weise, wie es Hochschulkurse selten tun: Er machte mich zu einem besseren Menschen.

Was ist eine Lüge?

Täuschung kann viele Formen annehmen, aber nicht alle Täuschungsmanöver sind Lügen. Selbst die Ehrlichsten unter uns ringen regelmäßig damit, Schein und Wirklichkeit auseinanderzuhalten. Wenn sich eine Frau schminkt, strebt sie danach, jünger oder schöner auszusehen, als sie es ist. Trotzdem erfordert das Gebot der Ehrlichkeit von ihr nicht, dass sie dauernd Warnungen äußert wie »Ich stelle fest, dass du mich ansiehst: Bitte sei dir bewusst, dass ich morgens beim Aufstehen nicht so gut aussehe …« Ein Mensch in Eile mag vorgeben, einen vorbeigehenden Bekannten nicht zu bemerken. Eine freundliche Gastgeberin sieht darüber hinweg, dass einer ihrer Gäste etwas derart Dummes gesagt hat, dass es die Erdrotation verlangsamen könnte. Wenn wir »Wie geht es dir?« gefragt werden, sagen wir meist, dass es uns gut geht, und fassen die Frage als bloße Grußformel auf statt als Einladung zur Erwägung unserer beruflichen Enttäuschungen, Eheprobleme oder Verdauungsbeschwerden. Vermeidungen dieser Art können Formen der Täuschung sein, sie sind aber noch keine Lügen. Wir mögen die Wahrheit in solchen Momenten meiden, aber wir fabrizieren damit nicht willentlich Falsches, und wir verschleiern damit nicht wichtige Tatsachen zum Nachteil anderer.

Die Grenze zwischen Lüge und Täuschung ist oft schwammig. Es ist sogar möglich, mit der Wahrheit zu täuschen. Ich könnte zum Beispiel auf dem Gehsteig vor dem Weißen Haus stehen und von meinem Handy aus die Facebook-Zentrale anrufen: »Hallo, hier spricht Sam Harris. Ich rufe aus dem Weißen Haus an und möchte mit Mark Zuckerberg sprechen.« Meine Worte wären streng genommen wahr, die Aussage wäre aber eine kalkulierte Täuschung. Hätte ich gelogen? Ziemlich sicher.

Lügen ist gezielte Irreführung anderer, während sie eine ehrliche Mitteilung erwarten.[2] Das lässt Zauberer, Pokerspieler und andere harmlose Scharlatane außen vor, wirft aber ein Licht auf die Beschaffenheit einer psychologischen und sozialen Landschaft, deren allgemeine Form leicht erkennbar ist: Menschen lügen, auf dass andere Vorstellungen bilden, die nicht der Wahrheit entsprechen. Je stärker das Wohl einer Person ein korrektes Verständnis der Welt oder der Meinungen anderer voraussetzt, desto folgenschwerer ist die Lüge.

Doch wie die Philosophin Sissela Bok feststellte, kommen wir bei diesem Thema nicht weit, ohne zwischen Wahrheit und Wahrhaftigkeit zu unterscheiden. Ein Mensch kann vollkommen ehrlich sein und sich trotzdem irren[3]. Ehrlich sprechen heißt: seine Vorstellungen korrekt wiedergeben. Aber Ehrlichkeit ist keine Garantie, dass die eigenen Vorstellungen über die Welt auch wahr sind.

Und Wahrhaftigkeit erfordert auch nicht, dass man die ganze Wahrheit sagt, denn die Vermittlung sämtlicher Gesichtspunkte eines Themas ist kaum je nützlich oder gar möglich. Wenn man nicht sicher ist, ob ein Sachverhalt wahr ist oder falsch, besteht Ehrlichkeit darin, den Grad der eigenen Unsicherheit zu benennen.

Lassen wir diese Vieldeutigkeiten aus dem Spiel, so unterscheidet sich die Äußerung dessen, was man als wahr und nützlich erachtet, sicher von einer Vertuschung oder Verzerrung. Die Absicht, ehrlich zu kommunizieren, ist das Maß der Wahrhaftigkeit. Und die meisten Menschen brauchen keinen Abschluss in Philosophie, um diese Haltung von ihren Abweichungen zu unterscheiden.

Menschen lügen aus vielen Gründen. Sie lügen, um Peinlichkeiten zu vermeiden, ihre Erfolge zu übertreiben und ihre Fehler zu verschleiern. Sie machen Versprechungen, die sie nicht einzuhalten gedenken. Sie verbergen Mängel in ihren Produkten oder Dienstleistungen. Sie führen Konkurrenten in die Irre, um Vorteile zu erzielen. Viele von uns belügen unsere Freunde und Familienmitglieder, um deren Gefühle zu schonen.

Welche Absichten auch immer dahinterstecken: Lügen können krass oder subtil sein. Die einen bedienen sich aufwändiger Listen oder gefälschter Dokumente. Andere bestehen lediglich aus Verschleierungen oder aus taktischem Schweigen.

Doch jedes Mal, wenn wir das eine glauben und absichtlich das andere sagen, setzen wir eine neue Lüge in die Welt.

Wir alle standen schon auf beiden Seiten des Grabens, der unsere Überzeugung trennt von der Absicht, einem anderen etwas vorzumachen. Und der Graben sieht meist recht unterschiedlich aus – je nachdem, ob wir Lügner oder Belogene sind. Lügner stellen sich oft vor, sie würden niemandem schaden, solange die Lüge nur unentdeckt bliebe. Die Belogenen aber sind kaum je dieser Ansicht: Sobald wir unsere Unehrlichkeit aus der Perspektive der Belogenen betrachten, wird uns klar, dass wir uns nach einem Rollentausch genauso betrogen fühlen würden.

Sita, eine Bekannte von mir, hatte vor, eine Freundin zu besuchen und wollte ihr ein kleines Geschenk mitbringen. Unglücklicherweise war sie mit ihrem kleinen Sohn unterwegs und hatte keine Zeit zum Einkaufen eines Geschenks gefunden. Als sie drauf und dran waren, ihr Hotel zu verlassen, bemerkte Sita, dass die Produkte in ihrem Badezimmer ungewöhnlich schön waren. Also packte sie Seife, Shampoo und Körperlotion in eine Tüte, verschnürte sie mit einem Band, das sie vom Empfang des Hotels erhielt, und zog los.

Als Sita ihr Geschenk überreichte, war ihre Freundin entzückt.

»Wo hast du es her?«, fragte sie.

Von der Frage und von einem mulmigen Gefühl überrascht, versuchte sich Sita zu fassen – und behalf sich mit einer Lüge: »Oh, wir haben es im Geschenkladen des Hotels gekauft.«

Die nächsten Worte kamen aus dem Mund ihres nichts ahnenden Sohnes: »Aber nein, Mama, du hast die Sachen aus dem Hotelbadezimmer genommen!«

Stellen Sie sich die Gesichter der beiden Frauen vor: Kurz erstarrten sie in Verlegenheit, um dann in ein entschuldigendes beziehungsweise vergebendes Lächeln überzugehen. Das könnte als banalste Form einer Lüge angesehen werden – und das war es wohl auch. Aber die Lüge trug bestimmt nicht zur Vertiefung des gegenseitigen Vertrauens unter Freundinnen bei. So komisch diese Geschichte ist, verrät sie doch etwas Unangenehmes über Sita: Sie wird lügen, wenn es ihren Absichten dient.

Die Gelegenheit, andere zu belügen, ist allgegenwärtig und oft sehr verlockend. Doch jede Täuschung führt uns auf das steinigste Terrain der Ethik, das wir je zu betreten haben. Die wenigsten von uns sind Mörder oder Diebe, aber wir alle waren und sind Lügner. Und viele werden sich heute Abend kaum ins Bett legen, ohne im Laufe des Tages mehrere Lügen erzählt zu haben.

Was sagt dies über unser Zusammenleben?

Im Spiegel der Ehrlichkeit

Es gibt zumindest eine Studie, die verrät, dass 10 Prozent der Äußerungen zwischen Ehepartnern gelogen sind.[4] Eine andere Studie zeigt auf, dass 38 Prozent der Begegnungen unter College-Studenten Lügen beinhalten.[5] Lügen sind allgegenwärtig, und trotzdem beurteilen Lügner eine täuschende Interaktion als weniger angenehm denn eine ehrliche. Das überrascht nicht sonderlich: Wir wissen, dass Vertrauen zutiefst befriedigend ist und dass Täuschung und Misstrauen die beiden Seiten einer Medaille sind. Die Forschung zeigt auf, dass alle Formen des Lügens – darin inbegriffen das Schönreden, durch das wir die Gefühle anderer schonen wollen – einhergehen mit Beziehungen, die uns weniger erfüllen.[6]

Wenn man sich einmal entschließt, die Wahrheit zu sagen, bemerkt man, wie außergewöhnlich es ist, jemandem zu begegnen, der die gleiche Haltung einnimmt. Ehrliche Menschen sind eine Zuflucht: Du weißt, dass sie meinen, was sie sagen; du weißt, dass sie dir nicht das eine ins Gesicht sagen und das andere hinter deinem Rücken; du weißt, dass sie es dir sagen werden, wenn du etwas vermasselt hast – und daher kann auch ihr Lob nicht als bloße Lobhudelei missverstanden werden.

Ehrlichkeit ist ein Geschenk, das wir anderen bereiten können. Sie ist auch eine Quelle der Kraft und ein Motor der Einfachheit. Zu wissen, dass wir – unter welchen Umständen auch immer – die Wahrheit sagen, macht vieles einfacher. Zu wissen, dass wir in der Vergangenheit die Wahrheit gesagt haben, hinterlässt uns mit nichts, worauf wir verstohlen achten müssten. Wir können in jedem Augenblick einfach uns selbst sein.

Wenn wir uns entscheiden, allen gegenüber ehrlich zu sein, entscheiden wir uns dazu, ein breites Feld von Langzeitproblemen zu vermeiden, wenn auch auf Kosten einer gelegentlichen Unpässlichkeit. Dieses Unwohlsein sollte allerdings nicht überbewertet werden: Du kannst ehrlich und freundlich sein, denn die Wahrheit sagen ist nicht gleichbedeutend mit der Absicht, andere zu verletzen. Du willst einfach, dass sie über jene Informationen verfügen, die auch du haben möchtest, würdest du in ihren Schuhen stecken.

Es bedarf wohl der Übung, sich mit dieser Haltung in der Welt wohlzufühlen: Pläne zu ändern, Einladungen abzuschlagen, Verträge zu verhandeln, die Arbeit anderer zu kritisieren – und dies alles in einer Haltung der Offenheit gegenüber den eigenen Gedanken und Gefühlen. Dies zu tun bedeutet auch, seinem Leben einen Spiegel vorzuhalten, denn die Absicht zur Ehrlichkeit verlangt, dass man in jedem Moment die Wahrheit achtet. Was für ein Mensch bist du? Wie voreingenommen, selbstbezogen oder kleinlich bist du geworden?

Du könntest entdecken, dass einige deiner Freundschaften nicht echt sind. Vielleicht lügst du gewohnheitsmäßig, um keine Abmachungen treffen zu müssen. Oder du vermeidest es aus Angst vor Konflikten, deine eigentliche Meinung auszudrücken. Wem genau hilfst du mit dieser Lebensweise? Du könntest feststellen, dass bestimmte Beziehungen von dir ohne Lügen nicht überleben würden. Natürlich haben wir Beziehungen, die in der einen oder anderen Form fortbestehen müssen, ob wir sie mögen oder nicht – mit Familienmitgliedern, Schwägerinnen, Arbeitskollegen, dem Arbeitgeber und so weiter. Und gewiss spielt Takt eine Rolle, wenn wir danach streben, Konflikte kleinzuhalten. Deine Zunge hüten oder ein Gespräch auf ein sicheres Thema lenken sind nicht dasselbe wie zu lügen, noch erfordert dies, in Zukunft die Wahrheit zu bestreiten.

Ehrlichkeit hat die Kraft, sämtliche fehlerhaften Funktionen in einem Leben an die Oberfläche zu spülen. Stecken wir in einer missbräuchlichen Beziehung? Die Weigerung, andere zu belügen – wie ich zu diesem blauen Fleck gekommen bin –, würde einen sehr schnell zwingen, seiner Lage ins Auge zu blicken. Hast du ein Problem mit Drogen oder Alkohol? Lügen sind das Elixier der Abhängigkeit. Wenn wir nicht Zuflucht zu Lügen suchen, wird unser Leben nicht auseinanderfallen, ohne dass andere etwas davon mitbekommen.

Die Wahrheit zu sagen, kann uns auch bisher ungenutzte Möglichkeiten eröffnen, wie wir wachsen können. Ich erinnere mich, was in mir vorging, als ich erfuhr, dass ich zum Abschlussredner an meiner Schule gewählt worden war. Ich verzichtete auf die Ehre und gab vor, es sei besser, jemand, der schon länger an der Schule war, würde die Rede halten. Das war eine Lüge. Die Wahrheit war, dass ich tierische Angst hatte, vor anderen zu sprechen, und alles tat, um einen solchen Auftritt zu vermeiden. Offensichtlich war ich nicht bereit, diese eigene Schwäche anzuerkennen – und meine Bereitschaft, in diesem Moment zu lügen, erlaubte mir für viele Jahre, die Schwäche zu kaschieren. Hätte man mich gezwungen, dem Schulvorstand die Wahrheit zu sagen, hätte dieser vielleicht ein Gespräch mit mir geführt, das gewiss wertvoll gewesen wäre.

Zwei Arten von Verstößen gegen die Ethik werden üblicherweise in zwei unterschiedliche Kategorien eingeteilt: Taten und Unterlassungen. Wir neigen dazu, die Taten weit strenger zu berurteilen als die Unterlassungen. Der Ursprung dieses Ungleichgewichts ist etwas mysteriös, aber er bezieht sich auf die Bedeutung, die wir der Energie und Absicht eines Menschen beimessen. Etwas tun erfordert Energie, und die meisten moralisch verwerflichen Taten werden in bewusster Absicht ausgeführt. Etwas nicht zu tun kann den bloßen

Umständen zugeschrieben werden, und es erfordert nur Energie von uns, wenn wir korrigierend eingreifen wollen. Diese Unterscheidung ist wichtig. Es ist eine Sache, in die Spendendose zu greifen und 100 Dollar zu stehlen; es ist eine andere, die Rückgabe von 100 Dollar zu verschlampen, die man irrtümlicherweise erhalten hat. Wir könnten beide Verhaltensweisen als ethisch verwerflich betrachten, aber nur bei der ersten handelt es sich um einen absichtlichen Diebstahl. Falls es mehr als 100 Dollar kosten würde, die irrtümlich erhaltenen 100 Dollar zurückzuzahlen, so würde wohl keiner den verurteilen, der es nicht täte.[7]

Und so ist es mit lügen. Über sein Alter, seinen Zivilstand oder seine Karriere zu lügen ist eine Sache; falsche Eindrücke zu korrigieren, wo diese auftauchen, eine andere. Zum Beispiel werde ich gelegentlich als »Neurologe« bezeichnet statt als »Neurowissenschaftler«. Neurologen haben einen medizinischen Abschluss. Sie sind spezialisiert auf die Behandlung von Störungen des Gehirns und Nervensystems. Neurowissenschaftler haben einen Doktortitel und sind in der Forschung tätig. Ich bin nicht Arzt, habe keine klinische Erfahrung und würde nicht davon träumen, mich als Neurologe zu bezeichnen. Aber ich betrachte es nicht als meine ethische Pflicht, jede Unklarheit zu korrigieren, die dazu auftaucht. (Eine Google-Suche zu »Sam Harris« und »Neurologe« zeigt, dass dies schlicht zu viel Energie brauchen würde.) Wenn jedoch die Ansicht einer Person, ich sei Neurologe, Schaden anrichten oder sich zu meinem Vorteil auswirken könnte, hätte ich mich einer Unterlassungssünde schuldig gemacht, und es wäre für mich ethisch bedeutsam, die Sache zu klären. Und doch würden nur wenige Menschen von Beginn weg meine Unterlassung so entschieden verurteilen, wie wenn ich eine falsche Behauptung in die Welt gesetzt hätte.

In unserer Diskussion des Phänomens Lügen will ich mich generell konzentrieren auf Lügen der Tat. Das sind Lügen in ihrer klarsten und folgenreichsten Form. Das meiste, was sich dazu sagen lässt, ist jedoch auch für die Unterlassungslüge und für Täuschungen im Allgemeinen relevant. Ich schenke meine Aufmerksamkeit auch dem Schönreden oder den sogenannt »weißen« Lügen. Das sind jene Lügen, die wir erzählen, um die Gefühle anderer zu schonen, denn diese Lügen sind die verführerischsten. Und es sind tendenziell die einzigen Lügen, die anständige Menschen verwenden, während sie sich vorstellen, damit Gutes zu tun.

Weisse Lügen

Haben Sie je ein richtig scheußliches Geschenk bekommen? Die Zeit, die es brauchte, um das Geschenkpapier vom Karton zu reißen, sollte eigentlich reichen, um sich gedanklich auf das Folgende vorzubereiten – doch dann liegt das Ding offen da:

»Wow ...«

»Magst du es?«

»Es ist phantastisch. Wo hast du es gefunden?«

»In Bangkok. Magst du es?«

»Wann warst du in Bangkok?«

»An Weihnachten. Magst du es?«

»Ja ... sicher. Und wo warst du sonst noch so in Thailand?«

Inzwischen ist mir der kalte Schweiß ausgebrochen. Ich bin ja wie geschaffen für so eine Situation. Aber ich habe gelernt, selbst dann ehrlich zu sein, wenn ich überrascht werde. Ich vermittle nicht immer die Wahrheit so, wie ich es möchte. Aber eine der Stärken der Wahrheit ist: Sie bleibt für weitere Erklärungen offen. Wenn das, was man im Eifer des Gefechts sagt, nicht ganz richtig ist, lässt es sich korrigieren. Ich habe gelernt, lieber eher taktlos, ja selbst unhöflich zu sein als unehrlich.

Was hätte ich in der obigen Situation sagen können?

»Wow ... Trägt man das oder hängt man es auf?«

»Du trägst es. Es ist sehr warm. Magst du es?«

»Weißt du, ich bin wirklich berührt, dass du an mich gedacht hast. Aber so was kann ich nie und nimmer tragen. Mein Kleiderstil liegt irgendwo zwischen langweilig und sterbenslangweilig.«

Das kommt einer Antwort ungleich näher, mit der ich mich wohlfühlen kann. Ein wenig Verschleierung spielt vielleicht mit, aber die eigentliche Kommunikation ist ehrlich. Ich habe so meiner Bekannten klar signalisiert, dass sie mich bei nächster Gelegenheit nicht mit ihrem Geschenk an meinem Körper sehen wird. Und ich habe ihr die Gelegenheit gegeben, das Ding zu behalten oder es einem anderen zu schenken, der es auch wirklich mögen wird.

Einige Leser machen sich jetzt vielleicht Sorgen, dass ich hier eine Rückkehr in die soziale Bedenkenlosigkeit der frühen Kindheit nahelege. Schließlich lernen Kinder erst ab dem Alter von vier Jahren, weiße Lügen zu erzählen – nachdem sie ein Bewusstsein der geistigen Verfassung anderer erlangt haben.[8] Aber wir haben wenig Grund zur Annahme, dass die sozialen Konventionen, die sich bei Primaten wie uns im Alter von etwa elf Jahren etablieren, zu optimalen menschlichen Beziehungen führen. In der Tat gibt es gute Gründe zu glauben, dass lügen genau die Art von Verhalten ist, der wir entwachsen müssen, um eine bessere Welt zu erschaffen.

Was könnte denn verkehrt sein, wenn jemand eine »weiße« Lüge verwendet? Erstens ist es immer noch eine Lüge. Und indem wir sie in die Welt setzen, verursachen wir durch unsere Unaufrichtigkeit im Austausch mit anderen Menschen allerlei Probleme. Ehrlichkeit, Echtheit, Integrität, gegenseitiges Verständnis – diese und andere Quellen moralischen Reichtums werden genau dann zerstört, wenn wir unsere Ansichten bewusst falsch darstellen, unabhängig davon, ob eine Lüge je aufgedeckt wird oder nicht.

Und obwohl wir uns vorstellen, gewisse Lügen aus Mitgefühl mit anderen zu äußern, fällt es nicht schwer, den Schaden zu erkennen, den sie anrichten. Indem wir lügen, verbauen wir unseren Freunden den Zugang zur Wirklichkeit[9] – und die daraus resultierende Unwissenheit schadet ihnen häufig auf eine Weise, die sich kaum vorhersehen lässt. Andere könnten aufgrund unserer Falschheit verkehrt handeln, oder sie können Probleme nicht lösen, die sich nur auf der Grundlage guter Information lösen lassen. Oft bedeutet lügen, die Freiheit jener einzuschränken, die wir lieben.

Dazu ein Beispiel:

»Sag mal, sehe ich in diesem Kleid dick aus?«

Die meisten Menschen bestehen darauf, dass die korrekte Antwort auf diese Frage immer »Nein« ist. In der Tat glauben viele, es sei überhaupt keine Frage. Eine Frau meine damit eigentlich bloß: »Sag mir, dass ich gut aussehe.« Wenn diese Frau deine Partnerin ist, könnte sie damit sogar meinen: »Sag mir, dass du mich liebst.« Wer aufrichtig davon ausgeht, dies sei der Fall – dass die Worte eine Ablenkung seien und die unterschwellige Mitteilung die eigentliche Nachricht vermittle –, dann sei es so. Auf die unterschwellige Nachricht zu antworten, wäre nicht lügen. Doch das Beispiel ist aus folgendem Grund ein Grenzfall: Es beleuchtet, was uns dazu verführt, eine weiße Lügen zu verwenden. Warum nicht dieser Person mit einer kleinen Lüge den Rücken stärken und sie mit erhöhter Selbstsicherheit in die Welt ziehen lassen? Wenn man sich nicht dazu entschließen kann, auch in einer solchen Situationen die Wahrheit zu sagen, schrumpft der Aktionsradius zusehends, und es vervielfältigen sich die Ausnahmen zur Regel der Ehrlichkeit. Bald verhält man sich, ohne es zu merken, so, wie es die meisten Menschen tun: die Wahrheit verschleiern oder gedankenlos lügen. Der Preis ist zu hoch.

Neulich fragte mich ein Freund, ob ich denke, er sei übergewichtig. Wahrscheinlich fragte er bloß, um sich zu bestätigen: Es war Sommeranfang, und wir saßen mit unseren Frauen am Pool. Ich verlasse mich lieber auf die Wörter, die aus dem Munde eines Menschen kommen, als auf meine telepathischen Fähigkeiten. Also beantwortete ich seine Frage auf sehr direkte Weise: »Niemand würde dich je als ›dick‹ bezeichnen, doch wenn ich dich wäre, würde ich 25 Pfund abnehmen.« Das war vor zwei Monaten, und mein Freund ist inzwischen 15 Pfund leichter geworden.[10] Keiner von uns hätte gedacht, dass er bereit dazu wäre, eine Diät anzufangen, bis ich mich weigerte, über seine Erscheinung in Badehosen zu lügen.

Zurück zu unserer Bekannten im Kleid: Was ist die Wahrheit? Vielleicht sieht sie, gleichgültig in welchem Kleid, dick aus, aber es liegt am Kleid. Ihr die Wahrheit zu sagen eröffnet ihr die Möglichkeit, eine passendere Garderobe zu finden.

Stellen wir uns aber vor, dass die Wahrheit schwieriger zu äußern ist: Die Bekannte sieht in diesem oder jenem Kleid dick aus, ganz einfach weil sie dick ist. Sagen wir auch, sie sei 35 Jahre alt und Single, und du wüsstest, dass es ihr größter Wunsch ist, zu heiraten und eine Familie zu gründen. Wir denken auch, es gebe nicht viele Männer, die sie mit ihrem Übergewicht kennenlernen möchten.

Und wir sind – vom Heiraten einmal abgesehen – davon überzeugt, dass sie glücklicher und gesünder wäre und sich in ihrer Haut wohler fühlen würde, wenn sie abnähme. Ihr eine weiße Lüge aufzutischen, ist schlicht die Verneinung dieser Realitäten. Es ist die Weigerung, in einem Sturm ehrlichen Rat zu erteilen. Selbst bei einem derart persönlichen Thema erscheint lügen als ein klares Versagen in Sachen Freundschaft. Indem wir die Bekannte punkto ihrer Erscheinung beruhigen, helfen wir ihr gerade nicht, das aus ihrem Leben zu machen, was sie unserer Meinung nach könnte.[11]

In manch einer Situationen kann eine solche falsche Bestärkung die belogene Person sehr teuer zu stehen kommen. Stellen wir uns vor, wir hätten einen Freund, der seit Jahren erfolglos danach strebt, eine Karriere als Schauspieler aufzubauen. Viele gute Schauspieler kämpfen natürlich auf diese Weise, aber im Fall unseres Freundes scheint der Grund offensichtlich zu sein: Er ist ein furchtbar schlechter Schauspieler. Und wir wissen, dass alle seine Freunde – ja selbst seine Eltern – diese Meinung teilen, sich aber nicht dazu überwinden können, sie zu äußern. Was soll man zu ihm das nächste Mal sagen, wenn er sich über seine verfahrene Situation beklagt? Ermutigen wir ihn, »einfach dranzubleiben«? Falsche Ermutigung ist eine Art Diebstahl: Sie beraubt ihn jener Zeit, Energie und Motivation, die ein Mensch in einen anderen Lebenszweck investieren könnte.

Das heißt nicht, dass wir stets richtig liegen mit unserem Urteil über andere Menschen. Und Ehrlichkeit setzt voraus, dass wir die Unsicherheit über die Richtigkeit unserer Meinung kommunizieren. Doch wenn wir überzeugt sind, dass ein Freund in seinem Leben einen falschen Weg eingeschlagen hat, ist es kein Zeichen von Freundschaft, einfach zu lächeln und ihn durchzuwinken.

Wenn es auch schwerfällt, die Wahrheit mitzuteilen, weil sie wehtut, gibt es dahinter oft grundlegende Wahrheiten, die sich leichter vermitteln lassen und die Freundschaft vertiefen. In den obigen Beispielen ist die tiefere Wahrheit, dass man seine Freunde liebt und sich wünscht, dass sie glücklich sind. Mögen sie ihr Leben so ändern, dass sie größere Erfüllung finden. Solange wir sie anlügen, verweigern wir ihnen nicht nur unsere Hilfe – wir enthalten ihnen auch wichtige Informationen vor und lassen künftige Enttäuschungen zu. Und doch kann die Versuchung zu lügen überwältigend sein.

Wenn wir vorgeben, zugunsten anderer zu lügen, gehen wir davon aus, uns in deren Leben am besten auszukennen, und wir glauben zu wissen, wie sie ihr eigenes Leben verstehen sollen – ihre Wirkung auf andere, ihren Ruf oder ihre Aussichten in der Welt. Das ist eine ungewöhnliche Haltung gegenüber anderen Menschen, und sie verlangt nach Rechtfertigung. Angenommen jemand ist suizidgefährdet oder sonstwie auf der Kippe: Darüber zu entscheiden, wie viel dieser Mensch über sich selber wissen soll, scheint die Höhe der Arroganz zu sein. Was für eine Haltung anderen Menschen gegenüber, die wir lieben, könnte verächtlicher sein?

Bei der Vorbereitung zu diesem Buch bat ich Freunde und Leser um Beispiele von Lügen, die sie in ihrem Leben beeinflusst haben.

Einige dieser Geschichten finden sich im Folgenden. (Ich habe alle Namen geändert, um

Unschuldige wie Schuldige in gleicher Weise zu schützen.)

Viele erzählten von Familienmitgliedern, die sich gegenseitig medizinische Diagnosen vorenthielten. Hier ein Beispiel:

Meine Mutter wurde mit Multipler Sklerose (MS) diagnostiziert, als sie in ihren späten Dreißigern war. Ihr Arzt dachte, das Beste sei, zu lügen und ihr zu sagen, dass sie keine MS habe. Er sagte meinem Vater die Wahrheit. Mein Vater entschied sich, die Wahrheit für sich zu behalten, um meine Mutter und alle drei Kinder nicht zu beunruhigen.

In der Zwischenzeit ging meine Mutter in die Bibliothek, las alles über ihre Symptome und diagnostizierte ihre MS. Sie wiederum entschied sich, es meinem Vater und ihren Kindern nicht zu sagen, um sie nicht zu beunruhigen.

Ein Jahr später, als sie zur jährlichen Kontrolle ging, sagte ihr der Arzt, sie habe MS. Sie gab zu, dass sie es gewusst und niemandem gesagt hatte. Mein Vater gab zu, dass er es gewusst und niemandem erzählt hatte. So verbrachten beide ein Jahr mit einem Geheimnis und ohne sich gegenseitig zu unterstützen.

Mein Bruder fand es zufälligerweise ein Jahr später heraus, als meine Mutter eine Brustkrebsoperation hatte. Der Chirurg kam ins Wartezimmer und sagte: »Das wird die MS nicht beeinflussen.« Mein Bruder sagte: »Welche MS?« Ich glaube, es vergingen zusätzliche Jahre, bis jemand mir oder meiner Schwester von Mutters MS berichtete ... Anstatt dankbar zu sein und mich umsorgt zu fühlen, spürte ich Trauer darüber, dass wir nicht als Familie zusammengekommen waren, um die Tatsache ihrer Krankheit zu teilen und uns gegenseitig zu unterstützen.

Meine Mutter erzählte ihrer Mutter nie etwas über ihre MS, was bedeutete, dass keiner von uns Freunden und Verwandten davon erzählen konnte – aus Angst, ihre Mutter könnte es herausfinden. Sie wollte ihre Mutter nicht verletzen. Ich glaube, sie verwehrte sich damit die Möglichkeit, zu ihrer Mutter eine engere Beziehung zu haben.

Solche Beispiele medizinischer Täuschung waren einst äußerst verbreitet. In der Tat weiß ich von mindestens einer in meiner eigenen Familie: Meine Großmutter mütterlicherseits starb an Krebs, als meine Mutter sechzehn war. Sie hatte fast ein Jahr an metastasierenden Melanomen gelitten, aber ihr Arzt hatte ihr gesagt, sie leide an Arthritis. Ihr Mann – mein Großvater – kannte die eigentliche Diagnose, entschied aber ebenfalls, die Täuschung aufrechtzuerhalten.

Als sich der Zustand meiner Großmutter verschlechterte und sie schließlich ins Spital eingeliefert wurde, gestand sie einer Krankenschwester, dass sie um ihren Tod wüsste. Dabei dachte sie, ihre Familie – einschließlich ihres Mannes – vor diesem Geheimnis bewahrt zu haben. Meine

Mutter und ihr jüngerer Bruder wurden völlig im Dunkeln gelassen. Aus Sicht der Kinder ging ihre Mutter wegen »Arthritis« ins Spital, und von dort kehrte sie nie mehr zurück.

Stellen wir uns die vielen Gelegenheiten vor, Liebe, Mitgefühl, Vergebung und Verständnis zu vertiefen, die aufgrund weißer Lügen dieser Art ungenutzt verstreichen. Wenn wir vorgeben, die Wahrheit nicht zu kennen, machen wir uns zugleich vor, die Wahrheit spiele für uns keine Rolle. Das kann uns zu Entscheidungen zwingen, die wir sonst nicht fällen würden. Hatte mein Großvater seiner Frau wirklich nichts zu sagen angesichts der Tatsache, dass sie bald sterben würde? Hatte sie ihren beiden Kindern wirklich nichts zu sagen, um sie auf ein Leben ohne Mutter vorzubereiten? Solche Art Schweigen ist zutiefst verletzend. Weisheit bleibt ungeteilt, Versprechen und Entschuldigungen bleiben unausgesprochen. Die Gelegenheit, unseren Liebsten etwas Hilfreiches zu sagen, zieht rasch vorüber, und sie kehrt nie zurück.

Wer würde es sich wünschen, die Welt so einsam zu verlassen? Vielleicht gibt es Menschen, die es so wollen. Warum aber sollte irgendjemand diese Wahl für einen anderen Menschen treffen?

Vertrauen

Jessica war kürzlich dabei, als ihre Freundin Lucy eine weiße Lüge erzählte: Lucy hatte eine Verabredung, von der sie sich befreien wollte, und Jessica hörte zu, als sie eine Nachricht auf den Beantworter einer gemeinsamen Freundin sprach mit einer Begründung, warum sie das Treffen auf einen anderen Zeitpunkt verschieben wollte. Lucys Begründung war völlig aus der Luft gegriffen – etwas in der Art, ihr Kind sei krank –, aber sie log derart mühelos und überzeugend, dass sich Jessica wunderte, ob wohl auch sie schon einmal von Lucy getäuscht worden war. Sobald Lucy nun eine gemeinsame Verabredung verschiebt, vermutet Jessica, dass sie auch ihr gegenüber nicht die Wahrheit sagt.

Solche kleinen Vertrauens-Erosionen sind besonders heimtückisch, weil sie kaum je wiedergutgemacht werden. Lucy hat keinen Grund zu vermuten, dass Jessica ihr etwas vorhält – was sie auch tatsächlich nicht tut. Sie vertraut ihr einfach nicht mehr so stark, wie sie es einst tat, bevor sie ihre unverfrorene Lüge gegenüber einer anderen Freundin gehört hatte. Wenn das Problem oder die Beziehung für sie wichtiger wäre, würde Jessica vielleicht etwas sagen – aber so denkt sie, dass es nichts bringt, Lucy eine Moralpredigt zu halten. Fazit: Ein einziges Telefonat mit einer dritten Person hat eine Freundschaft subtil unterwandert.

Wir haben bereits gesehen, dass es gefährlich sein kann, Kinder dabei zu haben, wenn man ungestraft lügen will. Hierzu ein weiteres Beispiel, falls in dem Punkt noch Zweifel bestehen: Mein Freund Daniel erfuhr neulich von seiner Frau, dass ein anderes Ehepaar bald für eine Woche zu Besuch kommen würde. Daniel war dagegen. Eine Woche schien ihm eine Ewigkeit – vor allem, weil er den Mann nicht mochte. Das führte zu einem kurzen Streit zwischen Daniel und seiner Frau in der Gegenwart ihrer kleinen Tochter.

Am Ende gab Daniel nach, und so stand das Ehepaar bald mit einem beeindruckenden Berg an Gepäck vor ihrer Tür. Als sie eintraten, drückte der unwillkommene Ehemann seine Dankbarkeit dafür aus, dass sie in Daniels Gästezimmer sein durften.

»Sei nicht albern; es ist gut, euch bei uns zu haben«, sagte Daniel, während seine Tochter danebenstand. »Ihr seid hier herzlich willkommen.«

»Aber Vati, du sagtest, dass du dagegen bist, sie bei uns zu haben.«

»Nein, sagte ich nicht.«

»Doch, sagtest du! Erinnerst du dich denn nicht?«

»Nein, nein ... da ging es um etwas anderes.« Da konnte Daniel seinen Gästen nicht mehr in die Augen schauen. Es fiel ihm nichts anderes ein, als seine Tochter an der Hand hinauszuführen und sie abzulenken mit der Frage »Wo ist dein Malbuch?«

Die Szene mutet komisch an – aber nur für Unbeteiligte.

Und was lernen unsere Kinder in solchen Situationen über uns? Ist dies wirklich das Beispiel, das wir ihnen sein wollen? Einmal offenbart, wird ein solcher Mangel an Integrität selten vergessen. Natürlich können wir uns entschuldigen. Und wir können uns vornehmen, in Zukunft ehrlicher zu sein. Aber wir können den schlechten Eindruck nicht löschen, den wir im Gedächtnis anderer Menschen hinterlassen.

Nochmals: Ich behaupte nicht, dass Taktgefühl in solchen Begegnungen keinen Platz haben soll. Wenn Daniel gesagt hätte: »Dafür sind Gästezimmer ja da ... Wie war eure Reise?«, hätte er die Lage subtil gemeistert, ohne seine Gefühle vor seiner Tochter falsch darzustellen. Solche Äußerungen können vielleicht peinlich sein, aber eine Menge Peinlichkeiten und Aufruhr kann vermieden werden, wenn wir eine einzige Regel befolgen: Nicht lügen.

Schwaches Lob

Es gab Phasen in meinem Leben, in denen ich viel Energie in ein Projekt steckte, das zum Scheitern verurteilt war. Monate, in einem Fall sogar Jahre hatte ich in eine Sache investiert, und ein offenes Feedback hätte mir helfen können, enorm viel Zeit zu sparen. In anderen Phasen erhielt ich direkte Kritik genau in dem Moment, als ich sie brauchte, und konnte meine Richtung rasch ändern im Wissen, dass ich dadurch viel schmerzliche und unnötige Arbeit vermied. Der Unterschied zwischen den beiden schicksalshaften Entwicklungen kann nicht genug betont werden. Ja, es kann unangenehm sein zu hören, dass wir Zeit vergeuden oder dass wir nicht so gut gearbeitet haben, wie wir uns das vorstellten. Aber wenn die Kritik konstruktiv ist, liefert sie genau das, was wir hören müssen, um unseren Weg in der Welt zu finden.

Und trotzdem sind wir oft versucht, andere mit unehrlichem Lob zu preisen. Wir behandeln sie wie Kinder – und unterlassen es, sie auf Begegnungen vorzubereiten, in denen sie als Erwachsene behandelt werden. Ich behaupte nicht, dass wir um jeden Preis andere kritisieren müssen. Aber wenn wir um eine ehrliche Meinung gebeten werden, tun wir unseren Freunden keinen Gefallen, wenn wir vorgeben, bestimmte Schwächen nicht zu bemerken, während andere, die nicht ihre Freunde sind, diese Schwächen gewiss bemerken werden. Andere vor Enttäuschung und Peinlichkeit zu bewahren, bedeutet echte Freundschaft. Und wenn wir in der Vergangenheit die Wahrheit ausgesprochen haben, so kommt unserem Lob und unserer Ermutigung echtes Gewicht zu.

Einer meiner Freunde ist ein sehr erfolgreicher Schriftsteller. Zu Beginn seiner Laufbahn schrieb er einen Text, den ich schrecklich fand, was ich ihm offen mitteilte. Das war nicht einfach, denn er hatte fast ein Jahr an dem Text gearbeitet – aber es war die Wahrheit, zumindest wie ich sie sah. Wenn ich ihm jetzt sage, dass ich einen seiner Texte liebe, dann weiß er, dass es tatsächlich so ist. Er weiß auch, dass ich sein Talent so weit respektiere, dass ich ihm es auch sage, wenn dies nicht der Fall ist. Ich bin sicher, dass es in seinem Leben Menschen gibt, von denen er das nicht behaupten kann. Wozu würde ich einer von diesen Menschen sein wollen?

Geheimnisse

Eine Verpflichtung zur Wahrheit heißt nicht zwingend, dass wir Dinge preisgeben, die wir lieber für uns behalten. Wenn jemand fragt, wie viel Geld du auf deinem Bankkonto hast, bist du in keiner Weise verpflichtet, dies mitzuteilen. Die Wahrheit könnte also auch lauten: »Das sage ich dir nicht.«

Zwischen Ehrlichkeit und Geheimnis besteht demnach kein Konflikt. Es ist aber bemerkenswert, dass viele Geheimnisse – besonders jene, die wir für andere zu hüten haben – uns in eine Lage versetzen können, in der wir zu entscheiden haben zwischen Lüge und Offenbarung. Sich dafür zu entscheiden, ein Geheimnis zu bewahren, bedeutet, eine Bürde auf sich zu nehmen. Zumindest hat man sich zu merken, worüber man nicht sprechen darf. Das kann schwierig sein und zu ungelenken Täuschungsversuchen führen. Ausgenommen dann, wenn man von Amtes wegen zur Verschwiegenheit verpflichtet ist – wie es Ärzte, Anwälte, Psychologen und andere professionelle Geheimnisträger routinemäßig tun –, ist es von Vorteil, sie zu vermeiden.

Stephanie und Gina waren seit mehr als einem Jahrzehnt bereits Freundinnen, als Stephanie Gerüchte zu Ohren kamen, dass Ginas Ehemann Derek eine Affäre habe. Obschon sie sich Gina nicht nahe genug verbunden fühlte, um das

Thema direkt anzusprechen, förderte ein wenig Herumhören zutage, dass fast alle in ihrem Freundeskreis von Dereks Untreue wussten – außer, wie es schien, Gina selbst.

Derek war nicht diskret. Er war im Filmgeschäft und seine Mätresse war eine angehende Schauspielerin. Einmal hatte er während einer Ferienreise mit Gina und den Kindern seiner Geliebten ein Zimmer im gleichen Hotel reserviert. Danach stellte er sie als Produktionsassistentin ein, und ab dann begleitete sie ihn auf seinen Geschäftsreisen und sogar zu Anlässen, an denen Gina dabei war.

Als Ginas Freundin wollte Stephanie alles tun, um ihr zu helfen. Aber was war das Richtige? Sie war eine »Freundin zweiten Grades«, und die Person, die ihr von Dereks Affäre erzählte, hatte sie zum Schweigen verpflichtet. Sie kannte Frauen, die Gina näher waren; warum hatte keine von denen etwas verraten?

Stephanie traf Gina einige weitere Male – sie hatten seit Jahren regelmäßig zusammen zu Mittag gegessen –, fand aber, dass sie sich in ihrer Gegenwart nicht länger wohlfühlte. Gina sprach über ihr neues Haus oder über eine bevorstehende Reise, doch Stephanie empfand, dass sie sich durch ihr Schweigen am Untergang ihrer Freundin beteiligte. Einfach normal miteinander reden, als ob nichts wäre, wurde für sie zur Farce. Ob Gina etwas vom Verhalten ihres Mannes wusste und es geheim hielt, ob sie sich etwas vormachte oder einfach Opfer seiner Betrügerei und der Verschwörung anderer war – Stephanie empfand, dass ihre Fassade sich kaum mehr davon unterschied, ihre Freundin anzulügen. Wie von alleine lebten sich die beiden Freundinnen auseinander, und sie haben seit Jahren nicht mehr miteinander gesprochen.

Stephanie kannte mehrere Personen, die unmittelbar von Dereks Affäre wussten und still ihre Beziehung mit ihm abbrachen, während sie Gina im Dunkeln ließen oder es ihr erlaubten, darin zu verharren. Es war ihr unheimlich, jemanden unter einem Haufen Lügen und Gerüchten zu sehen – umgeben von Freundinnen, aber ohne einen echten Freund, der ihr die Wahrheit anvertraut hätte. Und das war Dereks eigentlicher Sieg: Menschen, die nicht länger mit ihm sein konnten, weil er seine Frau auf solch gewissenlose Weise behandelte, halfen ihm nichtsdestotrotz, seine Lüge aufrechtzuerhalten, indem sie auch seine Frau fallen ließen.

Kant glaubte, dass lügen in jedem Fall unethisch sei – selbst beim Versuch, einen Mörder daran zu hindern, eine unschuldige Person umzubringen. Wie bei vielen von Kants philosophischen Positionen wurde seine Ansicht in Sachen lügen nicht stark infrage gestellt, sondern wie eine religiöse Vorschrift angenommen. Obschon »lüge nie!« den offensichtlichen Vorteil der Klarheit hat, kann diese Vorschrift zu Verhaltensweisen führen, die nur ein Psychopath befürworten würde.

Ein kategorisches Verbot des Lügens ist ethisch nicht kohärent, außer für einen echten Pazifisten. Wer der Ansicht ist, es könne je angemessen sein, aus Selbstverteidigung einen Menschen zu verletzten oder zu töten, schließt lügen unter gleichen Bedingungen nicht aus.[12]

Ich sehe keinen Grund, Kant in diesem Punkt ernst zu nehmen. Das bedeutet nicht, lügen sei leicht zu rechtfertigen. Selbst als Mittel zur Abwendung von Gewalt verschließen Lügen oft die Tür vor einer ehrlichen Kommunikation, die effektiver sein könnte oder mit der sich ein wichtiger Durchbruch erzielen ließe.

Wo wir es als offensichtlich nötig erachten zu lügen, haben wir bereits entschieden, dass die zu täuschende Person gefährlich ist und sie sich mit der Wahrheit nicht erreichen lässt. Mit anderen

Worten: Wir haben die Hoffnung bereits aufgegeben, zu dieser Person eine echte Beziehung aufzubauen. Für die meisten von uns tauchen solche Umstände im Leben sehr selten auf, falls überhaupt. Und selbst wenn solche Umstände vorliegen, kommt man nicht darum herum, sich zu fragen, ob man mit lügen nicht einen einfachen, aber ethisch höchst fragwürdigen Ausweg gewählt hat.

Nehmen wir ein extremes Beispiel: Ein bekannter Mörder ist hinter einem Jungen her, den man in seinem Haus versteckt hat. Der Mörder steht vor der Türe und will wissen, ob man sein künftiges Opfer gesehen hat. Die Versuchung zu lügen ist völlig verständlich – aber nur schon diese eine Lüge könnte Folgen zeitigen, die wir nicht beabsichtigen. Wenn man sagt, man habe gesehen, wie der Junge über einen Zaun gesprungen und die Strasse hinuntergerannt sei, könnte das den Mörder dazu bringen, weiterzuziehen und in der Folge ein anderes Kind zu töten. Selbst in diesem unglücklichen Fall wäre lügen die beste Aussicht auf den Schutz eines unschuldigen Lebens gewesen. Dies schließt aber nicht aus, dass jemand anderer, der mutiger oder fähiger mit der Wahrheit umgegangen wäre, ein besseres Ergebnis erzielt hätte.

Unter solchen Umständen die Wahrheit zu sagen, läuft nicht zwangsweise auf eine Preisgabe hinaus. Die Wahrheit könnte zum Beispiel lauten: »Selbst wenn ich es wüsste, würde ich es dir nicht sagen. Und wenn du einen Schritt weitergehst, jage ich dir eine Kugel in den Kopf.« Wenn aus Angst oder physischer Unterlegenheit als einziger Ausweg nur die Lüge infrage kommt, verschiebt das die Bürde der Bekämpfung des Bösen auf andere. Gut, vielleicht vermag ein Nachbar diese Bürde eher auf sich zu nehmen als man selbst. Aber jemand muss sie letztlich tragen. Wenn niemand anderes, so ist es schließlich die Polizei, die dem Mörder die Wahrheit sagen muss: Dein Verhalten wird nicht toleriert.

Weit häufiger finden wir uns in Situationen wieder, in denen uns – trotz der Versuchung zu lügen – Ehrlichkeit erlaubt, mit Menschen Beziehungen einzugehen, die sich sonst als Gegner verhalten würden. In diesem Zusammenhang erinnere ich mich an die Begegnung mit einem amerikanischen Zollbeamten, als ich von meiner ersten Asienreise zurückkehrte.

Es war im Jahr 1987, aber es hätte ebenso gut der »Sommer der Liebe« zwanzig Jahre eher sein können: Ich war zwanzig, hatte schulterlanges Haar und war wie ein indischer Rikscha-Fahrer gekleidet. Für einen Beamten, der unsere nationalen Drogengesetze durchzusetzen hatte, war es nichts als vernünftig, mein Gepäck besonders gründlich zu durchsuchen. Glücklicherweise hatte ich nichts zu verbergen.

»Woher kommen Sie?«, fragte der Beamte und schaute skeptisch auf meinen Rucksack.

»Indien, Nepal, Thailand …«, antwortete ich.

»Haben Sie dort Drogen konsumiert?«

Das hatte ich in der Tat. Die Versuchung zu lügen war offensichtlich – warum hätte ich mit einem Zollbeamten über meinen Drogenkonsum sprechen sollen, der noch gar nicht lange zurücklag? Aber es gab keinen triftigen Grund, die Wahrheit nicht zu sagen, außer dass sie zu einer noch gründlicheren Durchsuchung meines Gepäcks oder vielleicht auch meiner Person geführt hätte.

»Ja«, sagte ich.

Der Beamte hörte auf, mein Gepäck zu durchsuchen, und blickte mich an.

»Was für Drogen haben Sie genommen?«

»Ich habe einige Male Haschisch geraucht … und ich habe in Indien Opium versucht.«

»Opium?«

»Ja.«

»Opium oder Heroin?«

»Es war Opium.«

»Man hört in diesen Tagen nicht viel über Opium.«

»Ich weiß. Es war mein erster Versuch.«

»Haben Sie jetzt irgendwelche Drogen dabei?«

»Nein.«

Der Beamte schaute mich für einen Moment skeptisch an und setzte dann die Untersuchung des Gepäcks fort. Aufgrund unseres Gesprächs ging ich davon aus, nun eine ganze Weile stecken zu bleiben. Daher war ich so geduldig wie ein

Baum. Was gut war, denn der Mann prüfte jetzt meine Sachen – eine Zahnbürste, ein Buch, eine Taschenlampe, ein Stück Nylonseil –, als ob diese Dinge die Geheimnisse des Universums enthüllen würden.

»Wie ist Opium?«, fragte er nach einer Weile.

Ich sagte es ihm. In den folgenden zehn Minuten enthüllte ich diesem Gesetzeshüter alles über bewustseinsverändernde Drogen, was mir bekannt war.

Schließlich beendete er die Durchsuchung und schloss mein Gepäck. Eines war nach unserer Begegnung völlig klar: Wir waren damit beide sehr zufrieden.

In der Begegnung hatte sich mein besseres Selbst gezeigt. Ich bin mir nicht sicher, ob ich heute dasselbe Gespräch wieder so führen würde. Ich würde nicht lügen, aber ich würde wohl nicht so hart daran arbeiten, einen solchen Kanal der Kommunikation zu eröffnen. Nichtsdestotrotz finde ich die Bereitschaft, offen zu sein – vor allem, wenn es um Dinge geht, die man sonst eher hinterm Zaun hält –, führe oft zu einem befriedigenden Austausch mit anderen Menschen.

Hätte ich illegale Drogen dabeigehabt, wäre meine Situation natürlich eine ganz andere gewesen. Etwas vom Schlimmsten bei einem Gesetzesbruch ist, dass er uns gegenüber einer unbekannten Zahl von Menschen in eine missliche

Lage bringt. Darin liegt die Problematik ungerechter Gesetze: Sie verführen friedliche und ansonsten unbescholtene Menschen dazu zu lügen, und das bloß, um einer Bestrafung zu entgehen für ein Verhalten, das eigentlich ethisch unbedenklich ist.

Geistige Buchhaltung

Eines der größten Probleme, die ein Lügner mit sich herumschleppt, besteht darin, dass er sich seine Lügen merken muss. Einige Menschen sind darin besser als andere. Psychopathen vermögen diese Bürde der geistigen Buchhaltung ohne sichtbare Belastung zu tragen: Sie sind Psychopathen. Sie kümmern sich nicht um andere und kappen Beziehungen problemlos, sobald ihnen das nötig erscheint. Bestimmte Menschen sind eben monströse Egozentriker. Für alle anderen hat lügen einen psychologischen Preis.

Lügen ziehen weitere Lügen nach sich. Anders als Tatsachenberichte, die unsererseits keiner weiteren Anstrengung bedürfen, müssen Lügen andauernd vor einer Kollision mit der Realität bewahrt werden. Wer die Wahrheit spricht, braucht im Hintergrund keine geheime Buchhaltung zu führen. Die Welt selbst wird zum Gedächtnis, und wenn Fragen auftauchen, können wir andere immer auf sie hinweisen. Wir können sogar gewisse Fakten überprüfen und ehrlich unsere Meinung ändern. Und Verwirrung, Konflikte und Zweifel lassen sich mit allen offen diskutieren. Eine Verpflichtung zur Wahrheit reinigt auf natürliche Weise von Irrtum.

Der Lügner aber muss sich ständig daran erinnern, was er gesagt hat und zu wem, und er hat sich darauf festgelegt, seine Falschaussagen in Zukunft aufrechtzuerhalten. Das kann eine Menge Arbeit nach sich ziehen – alles auf Kosten authentischer Kommunikation und frei fließender Aufmerksamkeit. Der Lügner muss jede neue Enthüllung – aus welcher Quelle auch immer – daraufhin prüfen, ob sie das Potenzial in sich trägt, die aufgebaute Fassade zu beschädigen. Und alle diese Anstrengungen nehmen zu, unabhängig davon, ob jemand die Lügen aufdeckt oder nicht.

Man muss nur ausreichend Lügen in Umlauf setzen, und der Aufwand, seine Zuhörer im Dunkeln zu halten, wird unerträglich. Eine direkte Anklage der Unehrlichkeit mag einem vielleicht erspart bleiben, aber viele Menschen werden aus weiter nicht deklarierten Gründen darauf schließen, dass sie ihrem Gegenüber nicht trauen können. Man wird zusehends als Mensch erscheinen, der sich um Tatsachen drückt – und das ist ja tatsächlich auch der Fall. Viele kennen solche Menschen. Niemand konfrontiert sie direkt, aber alle behandeln sie zunehmend so, als ob sie fiktive Geschöpfe wären. Solchen Menschen geht man oft still aus dem Weg – aus Gründen, die sich ihnen wohl nie ganz erschließen werden.

Das Misstrauen wächst in der Tat oft auf beiden Seiten einer Lüge: Die Forschung weist darauf hin, dass Lügner ihren Opfern weniger trauen als anderen; und je gravierender ihre Lügen sind, desto stärker misstrauen sie den Belogenen oder finden diese unsympathisch. Indem sie ihr Ego und ihr eigenes Verhalten rechtfertigen, scheinen Lügner jene abzuwerten, die sie belügen.[13]

Integrität

Was bedeutet es, integer zu sein? Integrität setzt sich aus vielen Elementen zusammen, aber sie erfordert in der Regel, dass wir Verhaltensweisen vermeiden, die direkt zu Gewissensbissen führen. Das Gebiet der Ethik reicht hier weit über das bloße Gebot der Aufrichtigkeit hinaus, und um über echte Integrität zu verfügen, darf es uns nicht mal jucken, nicht über unser Privatleben zu lügen.

Lügen heißt, eine Mauer zu errichten zwischen unserer gelebten Wahrheit und der Wahrnehmung, die andere von uns haben. Die Versuchung dazu entsteht oft aus der Vorstellung, andere würden unser Verhalten missbilligen. Und nicht selten hätten sie dazu auch guten Grund.

Nehmen wir irgendeine Zeitung zur Hand und informieren wir uns über die Probleme, die Menschen verursachen und die sie dann zu vertuschen suchen – indem sie lügen. Es ist einfach erstaunlich, wie Menschen ihre Ehe, ihre Karriere und ihren Ruf zerstören, indem sie das eine tun und das andere sagen. Lance Armstrong, Tiger Woods, John Edwards, Eliot Spitzer, Anthony Wiener – lauter Männer, deren Namen Bilder einer vollständigen öffentlichen Selbstzerstörung heraufbeschwören. Natürlich waren die Vergehen dieser Männer nicht bloße Lügen. Aber Täuschung bereitete ihre Erniedrigung vor. Man kann sich scheiden lassen, ohne sich in aller Öffentlichkeit dafür zu entschuldigen. Man kann sogar illegale Drogen konsumieren oder ein promiskuitives und exhibitionistisches Leben führen, ohne dafür Strafen zu bezahlen, wie es diese Männer taten. Das Leben vieler Menschen ist geradezu immun gegen Skandale. Verletzbar ist, wer vorgibt, ein anderer zu sein.

Grosse Lügen

Die meisten Menschen sind sich heute schmerzlich bewusst, wie sehr unser Vertrauen in die Regierung, in Unternehmen und andere öffentliche Institutionen durch Lügen ausgehöhlt worden ist.

Lügen stehen am Anfang von Kriegen, oder sie haben diese verlängert: Der Vorfall im Golf von Tonkin vor der Küste Nordvietnams und irreführende Berichte über Massenvernichtungswaffen im Irak waren beides angespannte Lagen, in denen Lügen auf irgendeiner Ebene zu bewaffneten Konflikten führten, die sonst nicht stattgefunden hätten. Als die Wahrheit schließlich zum Vorschein kam, wurden unzählige Menschen zynisch gegenüber der US-Außenpolitik – und viele begannen an der Legitimität jeglicher Militärintervention zu zweifeln – egal, was für Gründe für diese Ablehnung vorgebracht wurden.

Pharmazeutische Unternehmen wurden breit kritisiert für die Irreführung der Öffentlichkeit über die Sicherheit und Wirksamkeit ihrer Medikamente. Solche Falschinformationen gibt es in vielen unterschiedlichen Abstufungen, aber einige von ihnen sind mit Bestimmtheit das Resultat bewusster Datenmanipulation. Neue Medikamente werden in Studien oft mit Placebos verglichen statt mit Standard-Therapien – und wenn sie mit einem bestehenden Medikament verglichen werden, so wird dieses häufig in der falschen Dosierung verabreicht. In noch skrupelloserer Weise unterdrücken Pharmaunternehmen routinemäßig die Veröffentlichung negativer Resultate. Der Epidemiologe Ben Goldacre berichtet, dass für gewisse Medikamente über fünfzig Prozent der Versuchsdaten unter Verschluss sind. Entsprechend bezeugen Versuche, die von der Industrie finanziert werden, vier Mal eher die positive Wirkung eines neuen Medikaments.[14]

Große Lügen haben viele Menschen dazu gebracht, den Mächtigen zu misstrauen. In der Folge ist es nun unmöglich, etwas Bedeutsames über den Klimawandel, die Umweltverschmutzung, Ernährung, Wirtschaftspolitik, über Auslandskonflikte, Medizin oder ein Dutzend andere Themen zu sagen, ohne dass einen beachtlichen Teil der Zuhörer lähmende Zweifel selbst gegenüber den vertrauenswürdigsten Informationsquellen befallen. Unsere öffentliche Debatte scheint chronisch von Verschwörungstheorien unterwandert zu sein.[15]

Nehmen wir die weit verbreitete Angst vor Kinderimpfungen. 1998 veröffentlichte der Arzt Andrew Wakefield eine Studie in *The Lancet*, in der die Impfung gegen Masern, Mumps und Rubella (MMR) mit Autismus in Verbindung gebracht wurde. Die Studie wurde später als »raffinierte Fälschung« entlarvt, und dem Autor wurde die Lizenz als Arzt entzogen.[16]

Die Folgen von Wakefields Betrug wären so schon schlimm genug. Aber der Verstärkungseffekt durch weitere große Lügen hat es bislang verunmöglicht, den dadurch entstandenen Schaden wiedergutzumachen. Die Tatsache, dass Unternehmen und Regierungen manchmal lügen – sei es, um rechtliche Verpflichtungen oder öffentliche Panik zu vermeiden –, hat die Verbreitung der Wahrheit über die MMR-Impfung stark erschwert. Die Impfrate ist gesunken – besonders stark in gut gebildeten Kreisen, und in der Folge sind Kinder an diesen Krankheiten gar gestorben.

Vielleicht ist hier eine ungünstige Tatsache der menschlichen Psyche am Werk, die es erschwert, einmal in die Welt gesetzte Lügen auszumerzen: Wir scheinen veranlagt, Äußerungen für wahr zu halten, selbst nachdem diese als falsch entlarvt worden sind. Wenn sich zum Beispiel ein Gerücht verbreitet, dass ein bekannter Politiker einmal während einer Rede in Ohnmacht fiel, und die Geschichte stellt sich nachträglich als Ente heraus, wird ein beachtlicher Teil der Menschen die Falschmeldung dennoch als wahr in Erinnerung behalten – selbst dann, nachdem sie mit der Wahrheit vertraut gemacht worden sind. In der Psychologie ist dies als »illusorischer Wahrheitseffekt« bekannt. Vertrautheit zieht Glaubwürdigkeit nach sich.

Man kann sich zum Beispiel in Kriegszeiten Umstände vorstellen, in denen eine Täuschung des

Feindes als nötig erscheint – besonders dann, wenn es durch die Streuung von Falschmeldungen möglich scheint, unschuldiges Leben zu retten. Zugegeben, der Unterschied zwischen diesen Bedingungen und vielen bisher zitierten Beispielen ist schwer zu erkennen – vor allem wenn das Belügen des Feindes auch ein Belügen von Verbündeten beinhaltet. Unter solchen Umständen vermögen wir eine gute Lüge nur im Nachhinein als solche zu erkennen. Aber Krieg und Spionage sind Situationen, in denen menschliche Beziehungen zusammenbrechen oder schon gar nie aufgebaut werden; daher lassen sich die üblichen Regeln des Zusammenlebens darauf nicht anwenden. Sowie man beginnt, Bomben abzuwerfen oder die Infrastruktur eines Landes mit Cyberangriffen zu zerstören, werden Lügen einfach zu weiteren Waffen im Arsenal.

Die Notwendigkeit von Staatsgeheimnissen liegt auf der Hand. Aber eine Notwendigkeit, dass Regierungen ihre eigenen Bürger anlügen, scheint mir völlig an den Haaren herbeigezogen. Begründete Täuschung durch die Regierung ist eine Art ethische Fata Morgana: Sobald man meint, sie zu erreichen, sprechen die Fakten dagegen. Und der Schaden, der entsteht, wenn solche Lügen aufgedeckt werden, ist meist irreparabel.

Ich vermute, dass die Notwendigkeit von Lügen, außer bei Spionen, selten ist – vorausgesetzt, wir erachten Spionage in unserer heutigen Welt als ethisch vertretbar. Es wird gemunkelt, Spione müssten sogar ihre Freunde und Familie belügen können. Ich bin mir ziemlich sicher, dass ich damit nicht leben könnte, wie gut die Begründung dafür auch immer sein mag. Die Rolle des Spions erscheint mir als ein fast vollständiger Verzicht auf persönliche Ethik zugunsten eines höher gestellten Gemeinwohls – sei dieser nun echt oder eingebildet. Es ist eine Art moralische Selbstzerfleischung,

So denke ich, dass wir aus dem Leben der Spione nicht mehr Lehren ziehen können als aus den Abenteuern, die Astronauten im Weltraum bestehen. Genau so, wie sich die meisten von uns keine Gedanken über die Dichte ihrer Knochen ohne Einwirkung der Schwerkraft machen müssen, brauchen wir uns auch nicht darum zu sorgen, dass eine Äußerung von uns die nationale Sicherheit gefährden könnte. Die Ethik des Krieges und der Spionage ist eine Ethik der Notsituation, und sie bleibt daher zwingend auf ihr Wirkungsumfeld beschränkt.

Schlussfolgerung

Wie in Anna Karenina, Madame Bovary und Othello ist es auch im Leben. Die häufigsten privaten Laster und öffentlichen Übel werden durch Lügen genährt. Untreue und andere Betrügereien, Finanzvergehen, Korruption auf Staatsebene – selbst Mord und Völkermord – bedürfen in der Regel eines zusätzlichen Makels: der Bereitschaft zu lügen.

Lügen ist geradezu per Definition eine Verweigerung der Kooperation mit anderen. Lügen verschmilzt einen Mangel an Vertrauen und Glaubwürdigkeit zu einem einzigen Akt. Lügen ist sowohl eine Unfähigkeit, zu verstehen, als auch ein Widerwillen, verstanden zu werden. Lügen heißt, vor Beziehungen zurückzuschrecken.

Wenn wir lügen, verweigern wir anderen unsere Weltsicht. Unsere Unehrlichkeit beeinflusst nicht nur deren Entscheide: Sie bestimmt die Entscheide, die wir fällen könnten auf eine Art, die wir kaum voraussehen können. Jede Lüge ist ein Angriff auf die Autonomie der Belogenen.

Indem wir eine Person belügen, verbreiten wir eine Unwahrheit auf viele weitere – selbst auf eine gesamte Gesellschaft. Und wir bürden uns damit die Last auf, weitere Entscheidungen zu treffen, um die Täuschung aufrechtzuerhalten oder nicht, wodurch sich unser Leben verkompliziert. Auf diese Weise belastet jede Lüge unsere eigene Zukunft mit einer Hypothek. Wir können nicht voraussehen, wann und wie die Lüge mit der Realität zusammenprallen wird, und binden damit zusätzliche Aufmerksamkeit. Die Wahrheit braucht nie so umsorgt zu werden wie Lügen. Die Wahrheit lässt sich einfach wiederholen.

Die Lügen der Mächtigen führen uns zu Misstrauen gegenüber Regierungen und Unternehmen. Die Lügen der Schwachen stumpfen uns gegenüber dem Leiden anderer ab. Die Lügen der Verschwörungstheoretiker wecken Zweifel an der Aufrichtigkeit von Whistleblowern, selbst wenn diese die Wahrheit sagen.[17] Lügen sind Giftmüll für die menschliche Gemeinschaft: Alle sind wir durch ihre Verbreitung gefährdet.

Wie würden sich Ihre Beziehungen verändern, wenn Sie sich vornehmen würden, nie mehr zu lügen? Was für Wahrheiten über Sie selber könnten mit einem Mal zutage treten? Was für eine Art von Mensch würden Sie dadurch werden? Und auf welche Art würde das die Menschen um Sie herum beeinflussen?

Es lohnt sich, das herauszufinden.

Ein Gespräch mit Ronald A. Howard

Wie ich in der Einführung schrieb, war Ronald A. Howard einer meiner Lieblingsprofessoren an der Universität, und seine Kurse über Ethik, Gesellschaftssysteme und Entscheidungsfindung haben viel dazu beigetragen, meine Sicht dieser Themen zu klären. Howard hält Vorlesungen und leitet Forschungsarbeiten an der Stanford-Universität im Rahmen des Programms für Entscheidungsanalyse der Abteilung für Managementwissenschaften. Er ist in Stanford zudem Direktor des Zentrums für Entscheidungsethik, das die Wirkung und Ethik sozialer Entscheidungen untersucht. Er war es, der 1964 den Beruf des Entscheidungsanalytikers definierte. Seither hat er jährlich mehrere Doktorarbeiten auf diesem Gebiet betreut. Seine Erfahrung umfasst Dutzende von Analyseprojekten aus allen möglichen Anwendungsbereichen, von der Investitionsplanung über Forschungsstrategie und der Eindämmung von Wirbelstürmen bis zur Endlagerung nuklearer Abfälle. Er war Gründer und Vorsitzender der Gruppe für Strategische Entscheidungen, und er ist Präsident der Stiftung für Entscheidungsbildung – einer Organisation, die Jugendlichen Entscheidungskompetenzen vermittelt. Er ist Mitglied der Nationalen Akademie der Ingenieure, von INFORMIS und IEEE, und er gewann 1986 den Ramsey-Preis der Gesellschaft für Entscheidungsanalyse. Zudem ist er mit Clint Korver Ko-Autor des Buches *Ethics for the Real World*.

Für dieses Buch war er freundlicherweise bereit, mit mir über die Ethik des Lügens zu sprechen. Im Folgenden gebe ich dieses Gespräch wieder.

Harris: Ich schätze es außerordentlich, dass Sie sich für dieses Interview Zeit genommen haben. Ob Sie es wissen oder nicht: Ihre Kurse über Ethik waren für meine moralische und intellektuelle Entwicklung von entscheidender Bedeutung – und sie waren es bestimmt auch für viele andere. Es ist mir daher eine Ehre, meinen Lesern Ihre Ansichten vorzustellen.

Howard: Gern geschehen.

Harris: Sprechen wir vom Lügen. Ich denke, wir können für Sie als Sprachrohr der Wahrheit gleich mit dem schwierigsten Fall beginnen: Die Nazis stehen vor der Tür, und du versteckst in deinem Dachstock Anne Frank. Wie denken Sie über Situationen, in denen Ehrlichkeit die Tür zu einer moralischen Katastrophe aufstoßen würde – in diesem Fall wortwörtlich?

Howard: Wie Sie betonen: Solche Situationen sind sehr schwierig zu beurteilen, und man wünschte, man wäre in der Lage, sie transformieren zu können.

Mit anderen Worten: Wäre man Buddha oder eine andere besondere Persönlichkeit, so würde es vielleicht gelingen, mit einer Variante der Wahrheit die Situation zu retten. Vielleicht erinnern Sie sich an die Legende, in der Buddha einem Mörder begegnet, der bereits tausend Menschen auf dem Gewissen hatte. Statt diesem Mann aus dem Weg zu gehen, sprach er ihn direkt an: »Ich weiß, du wirst mich töten, aber würdest du bitte zuerst den großen Ast an jenem Baum abbrechen?« Der Mörder tat es, und Buddha sprach: »Danke. Kannst du den Ast jetzt wieder ansetzen?« Und da – so die Legende – realisierte der Mörder, dass er in seinem bisherigen Leben das falsche Spiel gespielt hatte; er wurde erleuchtet und trat dem Mönchsorden bei.

Es ist nicht ausgeschlossen, dass man selbst eine schreckliche Lage zum Guten wendet, und das wäre meines Erachtens moralische Perfektion. Natürlich können sich die meisten von uns kaum eine Konfrontation mit Nazis an der eigenen Haustür vorstellen. Es gibt jedoch Extremfälle, in denen es – abhängig von den Beteiligten – unklar ist, ob das Aussprechen der Wahrheit immer zu einem schlimmen Resultat führen muss.

Harris: Ich stimme zu. Aber wahrscheinlich wird damit die Messlatte für die meisten von uns zu hoch angesetzt. Und wichtiger noch: Sie wird auch für eine zufällig ausgewählte Gruppe von Nazis zu hoch angesetzt. Es gibt Situationen, in denen wir uns vorweg die Geistesgegenwart absprechen müssen, mit hoher ethischer Intelligenz zu argumentieren.

Trotzdem will ich Ihren Punkt aufgreifen: Wenn ich mir selber die Fähigkeit abspreche, Nazis erleuchten zu können, verschließe ich die Tür vor der Möglichkeit gewisser moralischer Durchbrüche. Ich erinnere mich zum Beispiel an einen Rabbi, der zu allen möglichen und unmöglichen Zeiten vom Anhänger einer Vereinigung weißer Rassisten Drohanrufe erhielt. Statt aufzuhängen oder die Polizei zu alarmieren, hörte der Rabbi dem Mann jedes Mal zu und ließ ihn ausreden. Letztlich entspann sich daraus ein echtes Gespräch, und der Rabbi schaffte den Durchbruch, sodass ihm der weiße Rassist schließlich sein Herz ausschüttete. Die beiden Männer trafen sich sogar und wurden Freunde. Man glaubt sicher gerne, dass solche Durchbrüche möglich sind.

Nichtsdestotrotz ist in gewissen Situationen die Bedrohung so akut und die Zeit zu ihrer Beurteilung so kurz, dass man es vorzieht, einen vermeintlichen Feind als tatsächlichen Feind einzuschätzen.

Howard: Natürlich. Einige Menschen ziehen zur Beurteilung dieser Situation eine Art Hierarchie bei. Sie sagen: Nun, ich will niemanden umbringen, aber zu meiner Selbstverteidigung bin ich bereit zu töten. Ich will nicht stehlen, aber ich würde es tun, um jemanden zu retten. Ich lüge normalerweise nicht, aber ich würde es tun, wenn ich damit jemandes Eigentum oder Leben retten könnte, und so weiter. Das ist ein weiterer Ansatz, um solchen Situationen beizukommen.

Harris: So beschreibe ich es in meinem Essay. Im Wesentlichen betrachte ich in solchen Fällen die Lüge als eine Erweiterung des Widerstands, den man einem vermeintlich gesprächsunfähigen Menschen entgegensetzt. Wenn man gewillt ist, einen anderen zu erschießen oder ihm einen Kinnhaken zu versetzen, der Menschen in seiner Obhut verletzen will, dann ist es ethisch auch vertretbar, diese Gefahr mit weniger Einsatz von Gewalt abzuwenden – in diesem Fall mit bloßem Reden.

Howard: Ich glaube, das ist eine sehr pragmatische Lösung. Damit wenden wir uns jenen persönlichen ethischen Grundsätzen zu, die man bereit ist, auch anderen aufzuerlegen. Ich formuliere das als Maxime so: »Friedliche, ehrliche Menschen haben das Recht, in Ruhe gelassen zu werden.« Mit einer Frage wie dieser wird das noch deutlicher: »Was geschieht, wenn ein anderer diese Maxime verletzt, sich also nicht so verhält, wie ich es will?« Da behalte ich mir das Recht zur Selbstverteidigung vor. Wenn jemand versucht, mich umzubringen, hindere ich ihn mit dem maximal nötigen Widerstand daran. Ich habe Ihre Gedanken[18] dazu gelesen und stimme Ihnen voll und ganz zu.

Die nächste Stufe ist stehlen: Wenn ich dem Mörder, der mich gerade erschießen will, seine Waffe stehlen könnte, wäre ich selbstverständlich im Recht. Und wenn ich es nicht vermag, die Lage wie ein Erleuchteter in eine Belehrung zu transformieren, würde ich lügen. Ich würde die Wahrheit so geringfügig verdrehen wie nötig, um das Problem zum Verschwinden zu bringen.

Am einen Ende des Spektrums schätzen wir Menschen allzu optimistisch ein. Seien wir aber ehrlich: Es gibt Menschen, die allerhand böse Absichten hegen. Ich lasse nicht zu, dass sie das Recht anderer missachten, in Ruhe gelassen zu werden, und ich tue alles Nötige, sie daran zu hindern.

Harris: Natürlich tritt der Anne-Frank-Fall im Laufe eines normalen Lebens nicht oft ein, aber es gibt viele andere besorgniserregende Situationen, in denen Menschen bereit sind, zu lügen. Als ich meine Leser um Kommentare zur ersten Ausgabe von Lügen *bat, erhielt ich viele Beispiele, in denen Menschen aus Gründen lügen, die sie für völlig nachvollziehbar und edel halten. Ich möchte einen Fall schildern, in dem es um ein auf den Tod krankes Kind geht:*

Dein Kind hat nicht mehr lange zu leben. Natürlich fragt es seinen Vater, wie lange es noch leben wird und was nach seinem Tod geschieht. Nehmen wir an, ich schätze aufgrund des medizinischen Berichts, meinem Kind würden noch rund zwei Monate bleiben. Nehmen wir darüber hinaus an, ich würde glauben, jeder Mensch vernehme nach seinem Tod einen Klingelton und Eltern und Kind würden sich nie wiedersehen. Viele Leser bekunden nun erhebliche Mühe damit, die Schlussfolgerung zu vermeiden, eine unaufrichtige, aber tröstliche Antwort auf die Fragen des Kindes würde dessen letzte zwei Monate angenehmer machen.

Howard: Das ist nun ein Fall, zu dem ich eine weite Position einnehme. In meinen Kursen saßen Teilnehmer, die regelmäßig mit Sterbenden zu tun hatten, und ihr Rat war immer derselbe: Sag die Wahrheit, so gut du sie kennst. Entscheidend ist somit herauszufinden, wie die Wahrheit lautet. Also fragt man den Arzt: »Wie lange lebt er noch?« Die Wahrheit könnte lauten: »Weißt du, einige Menschen überraschen uns, andere sterben eher. Wir können dir nicht wirklich sagen, wie lange es noch geht. Die meisten Menschen haben zwei Monate, aber einige leben länger« und so weiter. Das ist also die Wahrheit. Wenn man zu einem Kind sagt: »Oh, nein, du wirst bestimmt wieder gesund«, obwohl es voraussichtlich in einigen Monaten sterben wird, hält man es davon ab, all das zu tun, was es in der verbleibenden Zeit noch tun möchte. In den meisten Fällen wissen die Betroffenen ohnehin, dass sie bald sterben werden. Lassen wir sie in Frieden gehen.

In einem Gruppentreffen offenbarte ein Mann, sein Sohn sei todkrank. Er sagte: »Wisst ihr, es ist echt traurig: Wenn er Bilder zeichnet, verwendet er nur schwarze Stifte.« Eine Woche später sprach er in der Gruppe wieder: »Wisst ihr was? Ich habe realisiert, dass ich mich meinem Sohn gegenüber zurückhielt, weil ich ihn nach seinem Tod so sehr vermissen werde.« Er hatte diese Wahrheit seinem Sohn so mitgeteilt: »Ich liebe dich so sehr und ich werde dich vermissen.« Und was geschah? Er berichtete, dass der Junge nun für seine Zeichnungen alle Farben benutzte.

Soweit ich von Menschen weiß, die mit todkranken Kindern zu tun haben, sind sich diese ihres Schicksals bewusst. Es sind vielmehr die Eltern, die vorab um die vielen Erfahrungen trauern, die sie mit ihrem Kind nicht machen werden. Das Kind denkt nicht »Ich werde nicht heiraten können«. Das hat es in seinem Alter nicht im Kopf, außer man hält es ihm vor. Es wird seinen Hund nicht mehr sehen können, aber das ist nicht dasselbe wie der Kummer der Eltern, die vorausahnen, was ihnen im Laufe ihres Lebens alles entgehen wird.

Harris: Also ist die Wahrheit, die es dem Kind mitzuteilen gilt, nicht dasselbe wie der von den Eltern vorweggenommene Verlust oder ihre Vorstellung davon, was das Kind selbst alles vermissen wird.

Howard: Richtig. Einem Kind zu sagen »Es ist echt traurig, dass du sterben wirst, denn du wirst in deinem Leben nicht heiraten können« verfehlt den entscheidenden Punkt. Ebenso gut könnten wir sagen: »Du wirst auch nicht in der Armee dienen. Du wirst keine Menschen töten. Du wirst den Tod anderer Menschen, die du liebst, nicht miterleben können.« Sehen Sie? So ist das Leben. Das Leben hat kein Happy End à la Hollywood. Es hat viele Höhen und Tiefen. Schließlich sterben wir alle, und die einzige Frage lautet: Was hast du in der Zeitspanne zwischen Geburt und Tod getan? Hast du aus dieser Gelegenheit das Größtmögliche herausgeholt?

Harris: Ich stimme all dem zu. Aber solche Fälle erlauben offenbar gewisse Vorbehalte bei der strikten Wahrheitsvermittlung. Es scheint nach wie vor eine Spannung zu geben zwischen der Ehrlichkeit und unserer Verantwortung, ein Kind und weitere Menschen zu schonen, die nach unserer Einschätzung der Wahrheit nicht ins Auge schauen können. Sagen wir, man nimmt sich alle Zeit, um herauszufinden, was die Wahrheit wirklich ist, und dann steht man vor jemandem – sei es ein Kind oder ein Erwachsener – und denkt, dass er vor der Wahrheit verschont werden muss. Weitere solche Beispiele wurden mir von Lesern mitgeteilt, die Eltern mit Demenz pflegen. Eine Mutter wacht jeden Morgen auf und wundert sich, wo ihr Mann geblieben ist, obschon dieser seit fünfzehn Jahren tot ist. Jedes Mal, wenn man ihr dies erklärt, muss die Mutter den Verlust neu erleben, bloß um am nächsten Morgen wieder aufzuwachen und ihren Mann erneut zu suchen. Nehmen wir an, man lügt und sagt zu ihr: »Oh, er ist auf einer Geschäftsreise«, worauf die Mutter seine Abwesenheit schnell wieder vergisst und ihre Trauer nicht aktiviert wird.

Howard: Das ist ein interessantes Beispiel. Ich wäre versucht, eher so etwas zu sagen wie: »Gut, er ist dort, wo er normalerweise um diese Tageszeit immer ist.« Die Tatsache, dass er irgendwo unter der Erde begraben liegt, trägt nichts zum Wissen der Betroffenen über die Umstände bei. Wie Sie selber bemerkten, würde die Mutter bloß wieder dem Kummer des Verlustes ausgesetzt. So, wie Sie den Fall geschildert haben, würde man sich fragen, wozu man ihr dies auch antun sollte.

Harris: Sie bestätigen damit scheinbar, dass es in solchen Situationen in Ordnung ist, ausweichend zu sein. Im Minimum ist eine gewisse Fertigkeit erforderlich, diesen Faden durchs Nadelöhr zu bringen und eine Version der Wahrheit zu finden, die der Lage des Betroffenen angemessen ist.

Howard: Ich würde nicht von »ausweichen« sprechen und es vielmehr als »geschickte Wahrheitsvermittlung« bezeichnen – im Kontext des gesamten Gesprächs. Sagen wir, es ginge der Mutter plötzlich besser, und sie würde sagen: »Oh, ich hatte Alzheimer. Was hast du geantwortet, als ich jeweils nach Papa fragte?« – und die Mutter würde beim Lesen des Transkripts sagen: »Weißt du, das stimmt. In meinem Kopf war er irgendwo, und ich wusste einfach nicht wo. Deine Version hat mir erlaubt, aus diesem Gedankenkreislauf herauszufinden.« Das ist gut.

Harris: Ich schmeiße Ihnen nun einfach einige weitere schwierige Fälle vor die Füße, Ron.

Howard: Nur keine Hemmung!

Harris: Stellen wir uns wiederum eine Szene am Sterbebett vor. Die Sterbende fragt ihren Ehemann: »Hast du mich je betrogen?« Die Wahrheit wäre, dass er sie betrogen hat. Aber die Wahrheit ihrer gegenwärtigen Beziehung lässt dies völlig unbedeutend erscheinen. Und doch ist es auch wahr, dass er den Betrug einst sehr sorgfältig vertuscht hat und seither darüber schwieg. Was könnte Gutes daraus entstehen, jetzt die Wahrheit zu sagen?

Howard: Nun, das ist wirklich ein zweifaches Problem. Zum ersten Teil lautet die Frage: Warum sollte der Mann sein ganzes Leben lang eine Lüge leben?

Harris: Einverstanden. Aber wir müssen die relevanten Tatsachen im Kontext der Gegenwart betrachten, und wenn ein Mensch bis gestern ethisch nicht vollkommen war, so hat er jetzt mit den Folgen seines Fehlverhaltens zu leben. Das Geschehene liegt in der Vergangenheit begraben. Er hat seit ewigen Zeiten nicht mehr daran gedacht; aber die Wahrheit ist, dass er seine Frau betrogen hat und dass sie ihn jetzt danach fragt. In seiner Vorstellung steht er scheinbar vor der Wahl zwischen einer Lüge mit einigen ungetrübten, liebevollen letzten Tagen oder Wochen seiner Ehe, und der Wahrheit, die seiner Frau völlig grundlos das Herz brechen könnte.

Howard: Das ist eine jener Lehrbuchsituationen, wie wir sie gelegentlich im Ethik-Kurs besprechen:

Terroristen kapern ein Schiff und zwingen einen, eine kleine alte Dame zu töten, indem sie drohen, andernfalls sämtliche Passagiere zu erschießen. Das Leben funktioniert aber nicht wirklich so. Ich kenne zum Beispiel wenige Ehen, wo der Mann fremdging, ohne dass die Frau zumindest einen Verdacht hegte.

Harris: Sie können sich damit nicht so leicht aus der Schlinge ziehen. Ich glaube, dass dieser Fall ein sehr realistisches Element hat. Wir können sogar davon ausgehen, dass die Frau all die Jahre einen Verdacht hatte. Nun liegt sie auf dem Sterbebett und will endlich die Wahrheit wissen – aus welchem Grund auch immer.

Howard: Dann wären sich die beiden ihr Leben lang still darüber einig gewesen, die Sache nicht zur Sprache zu bringen. Mit anderen Worten: Sie trägt die gleiche Verantwortung wie er. Und jetzt? Die Frage ist doch: Fangen sie jetzt noch ein Leben in Offenheit an und sind ehrlich zueinander, oder nicht? Sie könnten es. Er könnte sagen: »Wir haben nie darüber gesprochen. Möchtest du heute wirklich darüber reden?« Das könnte der Moment sein – welchen Glauben auch immer sie über das Leben nach dem Tod hegen. Oder er könnte zu ihr sagen: »Schau, wir haben nur noch eine kurze Zeit gemeinsam. Was auch immer wir in der Vergangenheit getan haben – lassen wir es hinter uns, falls es uns jetzt keine Freude bereitet.«

Harris: Interessant. In solchen Situationen scheint eine seltsame Art von Intuition am Werk zu sein, die ich eben erst in mir selbst entdecke: Wenn wir den Zeithorizont auf einige Tage oder Wochen verkürzen, vielleicht sogar auf einige Monate, scheint dies die Gewissheit zugunsten eines ehrlichen Lebens ins Wanken zu bringen. Viele denken wohl, wenn man nur noch eine gemeinsame Zeit von zwei Wochen vor sich hat, ließe es sich mit einer tröstlichen Lüge besser leben, als wenn man noch zwanzig Jahre vor sich habe und ausreichend Zeit, um sein Haus in Ordnung zu bringen und ehrlich zu leben.

Howard: Das sehe ich anders: Egal, wie viel Zeit mir noch bleibt, möchte ich ein Leben leben, das ich nicht zu bereuen habe.

Harris: Einverstanden. Aber ich denke, hier könnte sich eine moralische Illusion einschleichen. Wird der Rest eines Lebens auf eine sehr kurze Zeitspanne reduziert, so beginnen wir uns zu wundern, was es jetzt noch bringen könnte, die Wahrheit zu sagen. Meines Erachtens besteht die Gefahr darin, dass sich dieses Denken auf das gesamte Leben ausdehnt.

Howard: Absolut. Das berührt die Grundlage dessen, was wir hier besprechen: Wie wollen wir unser Leben führen und wie wollen wir für andere sorgen? Mein Vater pflegte zu sagen, jemand sei »ein Mann seines Wortes«. Auch wenn dies sexistisch klingen mag – ich höre das heutzutage nie mehr. Clint Korver, der Doktorand, der mir half, dieses Seminar zu entwickeln und unsere Ethik-Bücher zu schreiben, wurde einmal an einer Konferenz vorgestellt als »der Typ, der immer die Wahrheit sagt«. Ich finde es schockierend, dass dies überhaupt betont werden muss. Es ist, als sagte man, er würde nicht stehlen oder Leute umbringen. Warum nicht gleich sagen »Und stellt euch vor, er atmet sogar. Er hat schon viele Jahre hinter sich, und er hat die ganze Zeit geatmet«? Großartig. Erfreut, das zu hören.

Harris: Das zeigt doch, wie verbreitet lügen ist. Lügen sind allgegenwärtig, und für viele Menschen liegt es außerhalb ihres Vorstellungsvermögens, wie ein Leben ohne Lüge wäre.

Ein anderer kniffliger Fall, der mir ebenfalls von einem Leser berichtet wurde, kommt mir hier in den Sinn: Man hat Sex mit seiner Frau oder seinem Mann und phantasiert dabei über jemand anderen. Danach hat der Partner die Kühnheit zu fragen, woran man beim Sex gedacht hat. Die ehrliche Antwort wäre, man habe an jemand anderen gedacht. Aber gehen wir davon aus, der Partner würde diese Information nicht gut aufnehmen. Er oder sie würde es als ernsthaften Vertrauensbruch ansehen statt als natürlichen Ausdruck der menschlicher Vorstellungskraft.

Howard: Nun, das ist wohl ein weiterer Fall, bei dem auf den ersten Verdacht hin die Zeit kommt für ein Gespräch. Was genau liegt in der Beziehung drin? Ist es »was auch immer dich in Fahrt bringt«? – zum Beispiel »Ich könnte der Pirat sein und du die hilflose Jungfrau ...« und so weiter. Ist das okay? Oder folgt daraus »Oh, mein Gott, du siehst mich nicht, wie ich wirklich bin.« Die Meinungen gehen auf diesem Gebiet bestimmt weit auseinander, doch in einer Partnerschaft sollte dies offen diskutiert werden. Ich glaube, Ehrlichkeit ist alles, was zählt. Sie transformiert solche Situationen.

Warum würde man in seinem Sexleben lügen wollen? Es scheint doch ziemlich bescheuert zu sein, sein Leben mit lauter Vorwänden zu verstellen, und gewiss ist es in Ordnung, Phantasien zu haben. Warum sollte man nicht zueinander sagen: »Schau, wenn es dich anmacht, dir vorzustellen, ich sei Brad Pitt, so ist es auch für mich spannender, weil du stärker erregt bist, also tue es. Dafür bin ich ja in erster Linie da! Ich liebe dich, und ich möchte mit dir auf bestmögliche Weise das Leben teilen.«

Harris: Ich habe da so ein Gefühl, die Leser würden uns in Scharen davonlaufen, aber ich stimme Ihnen zu. Nehmen wir folgenden Fall: Man ist mit jemand zusammen, der drauf und dran ist, sich ziemlich sicher unethisch zu verhalten. Können Sie mehr zum Gebot der Ehrlichkeit in einer solchen Situation sagen?

Howard: Nun, hier würde ich unterscheiden zwischen richtiggehenden Gesetzesbrechern, die andere verletzen oder bestehlen, und solchen, die bloß lügen oder auf andere Weise unethisch sprechen. Lügen ist kein Verbrechen, außer es ist Teil eines Betrugs. Wenn jemand nach dem Weg zum Supermarkt fragt und man den Weg kennt, ihn aber in die falsche Richtung weist, so ist das gewiss unschön, aber es ist kein Verbrechen. Stellen wir uns vor, der Fremde käme mit einem Polizisten zurück und würde sagen: »Das ist der Mann, der mich in die falsche Richtung gewiesen hat.« Darauf könnte man erwidern: »Ja, das habe ich. Ich schaue halt einfach gerne Menschen zu, wie sie in die falsche Richtung laufen.« Ein Verbrechen ist das nicht.[19] Es ist nicht gerade freundliches Verhalten. Es könnte ein Grund sein für jemanden, ein Geschäft zu boykottieren oder einen anderen aus bestimmten Gruppen zu verbannen, aber so ein Verhalten wird einen nicht ins Gefängnis bringen.

Ich unterscheide sorgfältig zwischen einer »Verletzung der Norm«, der Störung friedlicher, ehrlicher Menschen, und allem anderen.

Harris: Aha, ich verstehe. Das teilt die Ethik in zwei Kategorien auf, und der Verstoß in einer Kategorie ist so bedeutend, dass Menschen durch Gesetze vor den Folgen beschützt werden.

Howard: Tatsächlich gibt es auch im Bereich des Lügens zwei Kategorien: Die erste Kategorie besteht dort, wo Menschen das Problem anerkennen, nämlich, dass wir offensichtlich durch Lügen verletzt und geschädigt werden, die andere dort, wo mehr oder weniger alle lügen und sich gut dabei fühlen oder keine Alternative dazu sehen. Ihr Buch ist deshalb so wichtig, weil viele Menschen keine Bedenken haben, Schmeicheleien oder »weiße Lügen« zu erzählen. Zu sagen »Oh, du siehst in diesem Kleid hinreißend aus«, selbst wenn man denkt, das Kleid sei nicht attraktiv, ist eine weiße Lüge, gerechtfertigt durch den Vorwand, den anderen nicht verletzen zu wollen.

Gestern wurde im Seminar folgendes Beispiel erwähnt: Wünscht man sich ein »Spieglein, Spieglein an der Wand, wer ist die Schönste im ganzen Land« oder einen Spiegel, der einem zeigt, wie man wirklich aussieht? Stellen Sie sich vor, Sie würden sich einen Wagen kaufen, und der hätte eine Sonderfunktion eingebaut, einen mit Informationen zu versorgen, die man der Wahrheit vorzieht: Wenn man schnell fahren möchte, würde der Wagen anzeigen, dass man schneller unterwegs ist als in Wirklichkeit. Und wenn man dabei eine Tankstelle passierte, würde der Wagen behaupten, man brauche kein Benzin. Natürlich will niemand so etwas. Warum aber es dann in seinem Leben wollen?

Harris: Aus der Evolutionsforschung und der Psychologie gibt es jedoch Argumente, die darauf hinweisen, dass es für die Anpassung von Vorteil und psychologisch hilfreich sein kann, wenn die eigene Sichtweise gelegentlich von der Realität abweicht – selbst in geringem Ausmaß. Bestimmt kennen Sie das Experiment mit den Rednern: Ein Depressiver wird in einen Raum voller Menschen gebracht und muss eine Rede halten. Er schätzt seine Wirkung auf die Zuhörer genauer ein als eine normale Person. Diese tendiert dazu, ihre positive Wirkung auf andere zu überschätzen. Es lässt sich hierbei kaum sagen, was Ursache und was Wirkung ist, aber es scheint, dass uns dieser Optimismus psychologische Vorteile bringt.

Howard: In der Vergangenheit könnte dies den Menschen wesentlich dabei geholfen haben zu überleben.

Harris: Ja. Formen von Selbsttäuschung könnten uns auch auf andere Weise Vorteile gebracht haben. Robert Trivers argumentiert zum Beispiel, dass Menschen, die ihren eigenen Lügen glauben, sich als die überzeugendsten Lügner erweisen. Und die Fähigkeit, andere zu täuschen, hat in der Natur offensichtliche Vorteile. Viele Verhaltensweisen wie Stammeskriege, Vergewaltigung oder Fremdenhass, welche unseren Vorfahren die Anpassung an schwierige Situationen erleichtert haben mögen, betrachten wir heute als unethisch und würden sie keinesfalls verteidigen. Aber ich frage mich, ob ein Gesellschaftssystem, in dem die Vermittlung von Wahrheit als oberste Maxime gälte, Ihrer Einschätzung nach dabei scheitern könnte, seinen

Mitgliedern maximales Wohlbefinden zu verschaffen. Könnte es gar sein, dass ein gewisses Maß an Täuschung für uns gut ist?

Howard: Das führt mich zu Unterscheidungen, die ich zwischen klugen, ethischen und legalen Prinzipien treffe. »Ehrlichkeit ist die beste Strategie« – ist das ein kluges Motto? Mit anderen Worten: Liegt es lediglich im eigenen Interesse, ehrlich zu sein? Das unterscheidet sich von »Ich bin ethisch verpflichtet, ehrlich zu sein«, denn es ließen sich wohl Umstände finden, unter denen einem durch Unehrlichkeit Vorteile erwachsen.

Ich glaube, Wachstum wird gefördert durch ein Feedback, das zutrifft. Kindern immer nur zu sagen, dass sie wunderbare Dinge vollbringen, unabhängig vom tatsächlichen Resultat ihrer Taten, wird sie nicht dabei unterstützen, in die Welt hinaus zu treten. Eine positive Einstellung gegenüber dem Leben zu haben ist klug, die eigenen Fähigkeiten zu überschätzen, ist es gewiss nicht.

Ein Student erzählte gestern, er habe kürzlich im Internet einen Artikel ersteigert, dem Anbieter dann aber eröffnet, er habe nicht genug Geld, um den vollen Preis zu bezahlen. Das aber war eine Lüge. Er hatte das Geld, sagte jedoch: »Ich habe nur die Summe X«, worauf der Anbieter entgegnete: »Okay, ich geb's dir auch für X, wenn das alles ist, was du hast.« Mein Student bildete sich auf sein Verhandlungsgeschick ziemlich viel ein, denn aus seiner Sicht hatte er mit seiner Unwahrheit doch Geld gespart. Der Anbieter hätte aber auch sagen können: »Sorry, ich habe andere Angebote zum Preis von X + 1.« Hätte mein Student den Gegenstand wirklich gewollt und daraufhin gesagt: »Okay, ich bezahle auch X + 1«, so wäre er der Lüge überführt gewesen.

Das alles mündet in die Frage, ob man sein Leben auf langfristige Beziehungen anlegt. Betrachtet man sein Leben aus der Sicht von Beziehungen oder als eine Abfolge von Transaktionen? Beim Anbieten auf eBay ist die Wahrheit kein Thema. Es handelt sich um eine Situation von reiner Transaktion. Wenn ich aber mit meinem Automechaniker immer wieder zu tun habe, so ist es keine Transaktion. Es ist eine Beziehung, und er wird sich über mich und meine Zuverlässigkeit ein Urteil bilden. Auch ich werde mir ein Urteil über ihn bilden, und diese Urteile werden langfristige Auswirkungen auf uns beide haben. Das verändert das sogenannte »Gefangenendilemma«, demzufolge jeder Gefangene im Verhör für sich alleine entscheiden muss, ob er lügen oder die Wahrheit sagen soll, ohne dabei das Verhalten der anderen Verhafteten zu kennen: Wenn einen eine Person hintergeht, mit der man eine Beziehung hat, beurteilt man dies anders, als wenn man von jemand betrogen wird, den Experimentatoren zufällig ausgewählt und mit einem zusammengebracht haben.

Die bloße Behauptung, ethische Menschen würden mehr Geld verdienen und seien glücklicher und so weiter, ist nicht zwingend wahr. Damit wäre ja bewiesen, dass Klugheit immer ethisch ist. Persönlich mag ich glauben, dass dem so ist, aber beweisen kann ich es nicht.

Harris: Einverstanden. Aber Sie haben wie ich die starke Vermutung, wir müssten Ehrlichkeit als ehernes Prinzip auffassen, weil sie doch so oft zu unser aller Vorteil gereicht und weil sie uns ein Leben und Beziehungen ermöglicht, wie wir sie uns auch wirklich wünschen.

Howard: Ich glaube, das lässt sich auch auf Tatsachen über uns selbst anwenden. Auch Selbsttäuschung ist sinnlos. Aus mir wäre zum Beispiel nie ein professioneller Sänger geworden. Hätte ich diese Tatsache über mich nicht begriffen, so könnten andere mir zuflüstern: »Oh, du bist ein großartiger Sänger. Du solltest deinen Job aufgeben und Aufnahmen machen.« Das wäre der reinste Blödsinn. Man muss ehrlich mit sich selbst sein; man sollte sich darüber klar sein, was man weiß und was nicht, was man kann und was nicht. Und trotzdem sollte man offen dafür sein, neue Dinge auszuprobieren, zu experimentieren. Mir scheint das ziemlich einleuchtend.

Harris: Es macht fraglos Sinn, unablässig in Verbindung zur Realität zu stehen. Und mit der Tatsache, dass der Spielraum einer jeden Handlung im Leben eingeschränkt ist, durch was für Umstände auch immer, sowohl in der Welt als auch in den Köpfen der anderen. Sich von etwas anderem leiten zu lassen als von Fakten, setzt einen ständig der Gefahr von Peinlichkeiten und Enttäuschungen aus. Wenn die Vorstellung, die man von sich selbst in der Welt hat, nicht übereinstimmt mit dem Menschen, der man tatsächlich ist, gerät man fortwährend in Schwierigkeiten.

Menschen geraten meiner Meinung nach psychisch und ethisch durcheinander, wenn sie sich bloß an dem orientieren, was in den Köpfen anderer existiert. Die Frage ist: Will man wirklich wissen, was andere über einen denken, über unsere Talente und Aussichten, oder ziehen wir es vor, darüber getäuscht zu werden?

Viele Menschen möchten vor dem bewahrt werden, was andere wirklich über sie denken, weil sie glauben, ihre Wirkung in der Welt sei dank dieser Unwissenheit besser. Ich glaube, sie irren sich. Aber es ist interessant, Fälle zu studieren, in denen sie recht haben könnten.

Howard: Stimmt. Das alles läuft auf die Frage hinaus, wie die Sicht eines Menschen auf sein Leben als Ganzes ist. Ich greife hier gerne auf ein Modell wie Buddhas Lehre vom Achtfachen Pfad zurück. Ich erinnere mich an den Vortrag eines buddhistischen Redners. Eine Frau sagte anschließend in der Fragerunde: »Ich wurde als Christin erzogen, in einem Glauben, in dem Wohltätigkeit als fester Bestandteil dazu gehört. Sie haben die

Wohltätigkeit mit keinem Wort erwähnt. Von daher habe ich Mühe, Ihre Ethik zu verstehen.«

Er antwortete ihr: »Gut. Sie haben all diese Wohltätigkeiten vollbracht.« – Was sie gemäß eigener Aussage in ihrer Kirche tat, indem sie Menschen überall auf der Welt unterstützte, sie ihnen Hilfspakete schickte und so weiter. »Ging es Ihnen dabei tatsächlich um das Wohlergehen jener Menschen, die sie unterstützt haben?« Die Frau schwieg einen Moment und sagte dann: »Nein, darüber hatte ich nie wirklich nachgedacht.« Der Dozent antwortete: »Wenn Sie tatsächlich Mitgefühl empfinden, so wissen Sie, was zu tun ist.«

Das ist etwas ganz anderes als zu sagen: »Du sollst wohltätig sein.« Wenn einem das Geschick anderer Menschen wahrhaft nahegeht, so weiß man, was zu tun ist. Das Gespräch, das wir hier führen, ist so etwas wie der Versuch zu einer Anleitung für unerleuchtete Menschen, wie wir es sind, auf dass uns unterwegs nicht zu viele Fehler unterlaufen.

Manchmal verwende ich als Metapher die Geschichte jenes Mannes, der keine Ahnung hatte, dass er regelmäßig Öl in den Motor seines neuen Wagens nachfüllen sollte. Niemand hatte ihm das je verraten, und er hatte auch die Gebrauchsanweisung nie gelesen. Nun, nach drei Jahren Gebrauch, war der Motor ausgebrannt. Er brachte den Wagen in die Garage, und der Mechaniker sagte zu ihm: »Hey, du musst da Öl reingeben. Jetzt ist dein Motor ruiniert.« Der Mann antwortete: »Oh, hätte ich das nur gewusst!« Er hatte nie die Absicht, sich ein solches Problem zu verschaffen, aber nun hatte er es zu lösen.

Wenn wir also über Ethik sprechen, versuchen wir beide die Aufmerksamkeit aller zu wecken, damit wir vorausschauend leben, statt im Nachhinein sagen zu müssen: »Oh mein Gott, was habe ich mir dabei bloß gedacht?«

Harris: Das war es, was ich spürte, als ich erstmals Ihr Seminar an der Stanford-Universität besuchte. Es war, als hätte ich einen Teil der Anleitung zu einem guten Leben erhalten, und durch Befolgen des einfachen Prinzips, die Wahrheit zu sagen, ließen sich die meisten nutzlosen Miseren vermeiden, über die ich in Büchern gelesen und die ich im Leben anderer Menschen miterlebt hatte. Ich erinnere mich, dass ich aus ihrem Kurs rausging mit dem Gefühl, als hätte ich eine Bombe im verborgenen Zentrum meines Lebens entdeckt und die Werkzeuge erhalten, diese Bombe zu entschärfen, bevor ich damit Schaden anrichten würde. Es war eine unglaubliche Befreiung.

Ich begann mich jedoch zu fragen, auf welcher Ebene wir den ethischen Problemen, die wir in der Welt sehen, am besten beikommen können. Die Ebene, von der wir hier sprechen, betrifft den persönlichen ethischen Code des Menschen und die individuelle Haltung im jeweiligen Moment.

Ich vermute jedoch, dass die größten Ergebnisse auf der Ebene der Veränderung sozialer Normen und Institutionen erzielt werden können, das heißt durch den Aufbau eines Systems, das die Prioritäten gewöhnlicher Menschen miteinander in Einklang bringt, in dem es ihnen weit leichter fällt, ethisch zu handeln, als in einem Umfeld der perversen Anreize. Um beispielsweise ein Whistleblower zu werden, muss ein Mensch ein wahrer Held sein, denn höchstwahrscheinlich verliert er seinen Job, weil er die Wahrheit sagt. In einer Kultur der Ehrlichkeit jedoch wird es viel einfacher, ehrlich zu sein. Ich bin an der Art von Veränderungen interessiert, die wir bewirken können, wenn sämtliche Boote mit der gleichen Flut gehoben werden.

Howard: Richtig. Aus dem eigenen Leben weiß ich, dass ich nicht mit Menschen geschäftlich zu tun haben mag, mit denen ich ethisch sozusagen nicht auf derselben Wellenlänge bin. Wie attraktiv oder gewinnbringend die Geschäfte auch sein mögen: Wenn ich anderen nicht traue – in dem Sinne, wie Sie und ich es verstehen –, möchte ich mit ihnen keine Geschäfte machen.

Im heutigen Leben ist leider sehr vieles transaktional. Ich habe neulich etwas bei Amazon.com gekauft, und mir war sozusagen niemand gegenüber. Es gab nur Kreditkarten und Mausklicks. Wenn man heute im Supermarkt einkauft, zeigt einem der Laserscanner den Preis, und der Kassierer packt die Ware ein. Früher könnte es so gelaufen sein: »Oh,

Sie haben eine Menge Spaghetti gekauft. Haben Sie dazu genug Soße?« Wir erleben beim Einkauf die Person an der Kasse nicht mehr als Partner.

Ich habe dazu ein Beispiel, das ich den »Eisenwarenladen-Hammer« nenne: Eine Frau kauft im Eisenwarenladen einen Hammer. Während sie bezahlt, fragt der Ladenbesitzer: »Wofür brauchen Sie diesen Hammer?« Und sie sagt: »Mein Mann bat mich, einen Hammer zu kaufen. Wir hängen in der Küche ein paar Bilder auf.« Der Besitzer könnte sagen: »Okay, aber das hier ist ein professioneller Schreinerhammer. Für Ihren Zweck würde es derjenige dort drüben auch tun; der kostet bloß ein Drittel des Preises.« Das ist der Unterschied zwischen einer Beziehung und einer Transaktion. Ich meine: Wenn es dir wichtig ist, dass es anderen gut geht, dann wünschst du dir diese Art von Ehrlichkeit. Aber unsere Gesellschaft könnte gerade dabei sein, dies zu verlieren.

Wir haben einen großen technischen Vorsprung erzielt; aber es ist nicht mehr wie zu Zeiten, als mein Vater einen Lebensmittelladen führte. Wenn Kinder, die zum Einkauf geschickt worden waren, nicht genug Geld dabeihatten, wusste er, wer wer ist, und es gab kein Problem. Sie konnten das Geld einfach das nächste Mal mitbringen. Davon siehst du heute nicht mehr allzu viel. Heute hast du deine Kreditkarte, und die Idee eines Vertrauensvorschusses oder einer Gefälligkeit taucht einfach nicht mehr auf. Dadurch erscheinen bestimmte Arten von Beziehungen als wenig wahrscheinlich.

Harris: Ja, eine Änderung im Gesamtsystem kann unsere ethischen Verbindungen sowohl stärken als auch aushöhlen. Das führt mich zu einer verwandten Frage: Gibt es bedeutende Dinge, die wir tun sollten – also letztlich ethische Handlungen –, die vom Handelnden verlangen, von seiner Ethik abzusehen? Ich erwähne das kurz in meinem Essay an der Stelle, wo ich über Spionage spreche. Es gibt meiner Ansicht nach bestimmte Jobs, die ich nicht machen möchte und von denen ich vermute, dass sie für die ausführende Person inhärent toxisch sind; aber ich könnte nicht behaupten, dass diese Tätigkeiten unnötig seien. Ich denke an Dinge wie Spionage und Tierexperimente. Ich weiß, dass ich nicht derjenige sein will, der den ganzen Tag Ratten das Fell abzieht, aber trotzdem ließe ich mich nur schwer davon überzeugen, dass wir in der medizinischen Forschung auf Tierexperimente verzichten können. Nehmen wir an, Sie stimmen mir zu, dass Spionage gelegentlich nötig ist. Was halten Sie von einem Leben in den Fängen der CIA?

Howard: Dazu kann man sich auch vorstellen, was es bedeutet, als verdeckter Ermittler zu arbeiten.

Harris: Ja, das wäre sogar einfacher, vorausgesetzt die Gesetze, deren Missachtung er ahndet, sind gut. Wir sind uns allerdings darüber einig, dass der Krieg gegen Drogen sehr schädlich war. Müsste ein verdeckter Ermittler nun andere täuschen, um Gesetze gegen den Konsum von Drogen durchzusetzen, so würden wir beide die Ethik dieser Arbeit infrage stellen.

Howard: Genau. Ich würde zuerst sicherstellen, dass die Gesetze, über deren Einhaltung ein Polizist wacht, auch gut sind. Wenn ein Serien-Vergewaltiger geschnappt wird, gut. Ich bin froh um eine Polizei, die solche Menschen fasst und sie einer gerechten Strafe zuführt. Wir alle bezahlen einen hohen Preis in einer Welt voller Gesetzesbrecher. Ich wünschte, wir lebten in einer Welt, in der zum Beispiel niemand ein Passwort brauchte. Aber wir haben nun mal Passwörter und Alarmanlagen und Schlüssel. Und wenn man sich durchs Land bewegt, fragen einen die Menschen: »Du meinst, du lässt deinen Schlüssel nicht im Wagen stecken? Und du schließt dein Haus ab?«

Das ist der Grund, weshalb ich ein starkes Rechtssystem auf der Grundlage von Wiedergutmachung befürworte. Mit anderen Worten: Vieles, was Gesetzesbrecher tun, verursacht hohe Kosten für die Allgemeinheit. Bei mir wurde noch nie eingebrochen, aber ich bezahle dafür, dass bei anderen eingebrochen wird – über Versicherungen und weitere Kosten. Wer solche Taten verübt, sollte die Kosten dafür tragen. Aber das ist eine längere Geschichte.

Harris: Ich stimme vollkommen zu. Soweit möglich sollte unser Rechtssystem Kriminelle dazu verpflichten, der Gesellschaft ihre Schulden zurückzuzahlen, statt sinnlos auf Kosten der Allgemeinheit zu leben.

Howard: Das Problem liegt darin, dass sich diese Dinge im Rahmen eines solchen Gesprächs schwerlich auseinanderhalten lassen: Welche Arten von Verbrechen gibt es in der Gesellschaft und wie spürt man die Menschen auf, die sie verüben? Welche Urteile werden über die Täter gefällt und welche Strafen gibt es für diese Taten? Allein schon darüber ließe sich ein ganzes Buch schreiben, und es sind extrem wichtige Fragen.

Harris: Ohne Zweifel. Nun, Ron, das war großartig, und ich denke, die Leser werden Ihre Gedanken zu diesen Themen sehr nützlich finden. Danke, dass Sie sich die Zeit genommen haben, mit mir darüber zu sprechen. Und lassen Sie mich wiederholen, falls ich es Ihnen noch nicht direkt gesagt habe: Die Seminare, die Sie in Stanford geleitet haben, waren vermutlich die wichtigsten, die ich je besucht habe. Es ist selten, in einem akademischen Umfeld zu erleben, dass Weisheit derart direkt verbreitet wird. Gerade das aber ist es, was Sie bewirkt haben und seit Jahrzehnten weiter bewirken. Dafür möchte ich einfach »Danke« sagen.

Howard: Gern geschehen. Auch ich habe dieses Gespräch sehr genossen.

Im Austausch mit Lesern

Die folgenden zwölf Fragen und Kommentare stammen von Lesern der Erstausgabe dieses Buches. Die meisten wurden von mir leicht bearbeitet, um die Kernaussage hervorzuheben.

1. Wenn man jemandem schmeichelt oder ihm gegenüber gewisse Dinge schönredet, so legen Sie nahe, das sei, als würde man sein Gegenüber wie ein Kind behandeln. Daraus könnte man schließen, Sie würden es für moralisch vertretbar halten, Kinder zu belügen.

Als Eltern sind wir darauf aus, das Vertrauen unserer Kinder zu bewahren. Wir verlieren es am ehesten, wenn wir sie belügen. Selbstverständlich sollten wir Kindern gegenüber die Wahrheit so formulieren, dass sie damit zurechtkommen. Und das bedeutet häufig, dass wir ihnen gegenüber bestimmte Dinge, die sie verwirren oder unnötig belasten würden, nicht erwähnen. Ein gewichtiger Unterschied zwischen Kindern und (normalen) Erwachsenen besteht darin, dass Kinder noch nicht vollends in der Lage sind, ihre wahren Interessen zu erkennen, geschweige denn diese zu verfolgen. Entsprechend kann es unter gewissen Umständen nötig sein, sie durch eine Lüge zu beruhigen oder sie für etwas zu gewinnen. Meiner Erfahrung gemäß treten solche Umstände jedoch so gut wie nie auf. Meine Tochter ist jetzt bald fünf Jahre alt, und ich kann mich nur an eine einzige Gelegenheit erinnern, bei der ich sie anlog. Wir waren im Internet auf der Suche nach einem Kindergartenvers und landeten auf einer Site mit einem Holzschnitt aus dem 16. Jahrhundert, der zeigte, wie jemandem der Kopf abgeschlagen wurde. Als ich hastig weiterscrollte, wollte sie von mir wissen, was wir da soeben gesehen hatten. Ich sagte etwas Dummes im Stile von »Ach, das war früher mal eine ausgefallene Methode in der Chirurgie, aber sehr unpraktisch das Ganze.« Das ließ sie entsprechend verwirrt zurück, und sie macht sich wohl bis heute keine Vorstellung davon, wie unmenschlich der Mensch sein kann. Allerdings bezweifle ich, ob selbst diese Lüge überhaupt nötig war. Eher denke ich, die Sache hatte mich auf dem falschen Bein erwischt.

Auch das Problem, dass wir den anderen aus Unaufrichtigkeit heraus loben, stellt sich bei Kindern eher selten. Speziell kleinere Kinder loben wir doch, um sie zu ermutigen, etwas Neues auszuprobieren und Spaß dabei zu haben. Es geht ja nicht darum, was sie tun, an einem vorgegebenen Standard zu messen. Die Wahrheit zu kommunizieren, indem wir zur Zeichnung eines Kindes sagen: »Ha, das ist erstaunlich« oder »Toll, das mag ich«, verlangt von uns wahrlich keine Anstrengung. Das ändert sich, wenn wir es mit der Zeichnung eines Erwachsenen zu tun bekommen, der von uns wissen will, wie wir sein Werk einschätzen in Bezug auf die Werke anderer Leute.

2. *Was sollen wir einem Kind über den Weihnachtsmann erzählen? Meine Tochter wollte kürzlich von mir wissen, ob es den Weihnachtsmann überhaupt gäbe, und ich brachte es nicht übers Herz, sie zu enttäuschen.*
Seltsamerweise ist das die häufigste Frage, die ich von den Lesern meines Buches erhalten habe. Und tatsächlich haben viele nichts anderes als das erwartet. Manche haben mir erzählt, wie betrogen sie sich fühlten, als sie in zartem Alter irgendwann einmal feststellen mussten, dass sie von ihren Eltern zu Weihnacht für Weihnacht belogen worden waren. Ich erfuhr auch von Kindern, denen die Eltern zwar die ganze Wahrheit über den Weihnachtsmann offenbarten, die Wahrheit aber bloß enthüllten, um sie davon abzuhalten, den Mythos von Jesu Geburt und dessen Heiligkeit auch gleich infrage zu stellen. Nehmen wir an, bestimmte Ausdrucksformen von Ironie seien schwerer aufzudecken als andere.

Ich weiß nicht, ob ich selber je an den Weihnachtsmann glaubte, doch war ich sehr in Versuchung, meiner Tochter gegenüber zu behaupten, dass es ihn gibt. Das Weihnachtsfest ist für Kinder wohl irgendwie leicht schöner mit Weihnachtsmann als ohne ihn, doch so ähnlich ließe sich auch argumentieren bei manch einem anderen Phänomen, bei dem es uns bestimmt nie in den Sinn käme, anderen einen Bären aufzubinden. Warum sollten wir nicht genauso darauf bestehen, dass es Drachen gibt, Superman und Meerjungfrauen? Warum sollten die Romane von Tolkien und Rowling nicht Aufnahme finden in den Geschichtsunterricht?

Die Wahrheit, über die wir uns doch alle einig sind und die wir jahrein, jahraus teilen, ist die, dass uns fantastische Geschichten eine Menge bedeuten können und dass sie uns Spaß machen. Kinder lassen sich so leicht entflammen für fantasiereiche Ausdrucksformen ihrer selbst, dass wir sie darin gewiss nicht auch noch durch Lügen aufstacheln müssen. Das wäre, wie wenn man eine Rakete zusätzlich mit einem Propeller ausstattete. Und ist das letzte Kind in einer Klasse, das noch an den Weihnachtsmann glaubt, tatsächlich froh darüber, dass ihm seine erste Lektion in der Kunst der Wahrheitsfindung durch sechsjährige Klassenkameraden erteilt wird?

Wer seinen Kindern in Sachen Weihnachtsmann etwas vormacht, beschert ihnen vielleicht eine etwas aufregendere Weihnachtszeit. Was dabei aber voraussichtlich auf der Strecke bleibt, ist seitens der Kinder ein Gefühl, dass wir sie als Eltern auch über andere Dinge nie belügen würden noch jemals belügen könnten.

3. Das Kapitel, in dem Sie Lügen in Notlagen erörtern, enthält Aussagen, die im Widerspruch stehen zu dem, was Sie in Ihrem Buch The Moral Landscape *darlegen. Sie präsentieren den Fall eines Kindsmörders, der auf der Suche nach seinem Opfer durch die Gegend läuft und bei Ihnen vor der Türe erscheint mit der Frage, ob Sie etwas über den Verbleib des Kindes wissen, das Sie tatsächlich bei sich in der Wohnung versteckt halten. Sie scheinen nahezulegen, dass selbst unter derart extremen Umständen ein ethisch Handelnder noch versuchen sollte, eine Strategie zu finden, die es ihm erlauben würde, die Wahrheit zu sagen. Insbesondere betonen Sie: »Für die meisten von uns tauchen solche Umstände im Leben sehr selten auf, falls überhaupt. Und selbst wenn solche Umstände vorliegen, kommt man nicht darum herum, sich zu fragen, ob man mit lügen nicht einen einfachen, aber ethisch höchst fragwürdigen Ausweg gewählt hat.«*

Als Hausherr in dem Beispiel sollte unser Ziel darin liegen, zu verhindern, dass der Junge, dem wir Schutz gewähren, zu Schaden kommt. Darüber hinaus strebt man danach, sich selber und die Nachbarn zu schützen. Außerdem wäre es gut, der Mörder würde von der Polizei gefasst. Nichts von alledem scheint in Reichweite, falls wir den Mörder vor der Tür des Hauses, in dem wir das Opfer versteckt halten, in eine potenziell gewalttätige Konfrontation verwickeln. Die Polizei ist eine gut ausgerüstete und dazu ausgebildete Instanz, um Kriminelle dingfest zu machen. Ist es nicht ein Ausdruck von unangebrachten Macho-Allüren, sich dem Gewalttäter entgegenstellen zu wollen, da man hinter sich doch das bedrohte Kind in Sicherheit weiß und man über die Möglichkeit verfügt, sofort die Polizei alarmieren zu können, auf dass diese tun kann, wozu sie am besten in der Lage ist? Selbst wenn man sich dazu berufen fühlt, die Sache in die eigene Hand zu nehmen, wird einem das Aussprechen der Wahrheit einen taktischen Nachteil einbringen. Wie Sie an einer anderen Stelle des Buches einräumen, wo es um Krieg und Spionage geht, wird lügen unter solchen Umständen zu einer Waffe unter anderen, die verwendet wird, um einen Feind zu bekämpfen.

Das sind hervorragende Fragen, denen ich insgesamt zustimme. Dennoch halte ich es für wichtig, dass wir nicht aus den Augen verlieren, was für ein Resultat wir erzielen. Die Folgen können weit schlimmer oder weit besser ausfallen, als wenn wir auf scheinbar naheliegende Weise handeln. Zumindest ist es denkbar, dass es einer unerschrockenen, ja vielleicht heiligen Person möglich ist, einen Mörder durch das Aussprechen der Wahrheit von seinem Tun abzubringen. Wie ich es bereits im Gespräch mit Ron Howard betonte, halte ich eine solche Vorgehensweise nicht generell für richtig, aber ich denke, wir sollten ihr einen höheren Stellenwert im Bereich des moralischen

Handelns einräumen. Wenn zum Beispiel einer wie der Weise Laotse die Haustür öffnete, würde er den Mörder vielleicht zum Tee hereinbitten und ihn von der Verwerflichkeit seiner Taten überzeugen, worauf sich der Mann aus freien Stücken der Polizei stellen würde. Das wäre doch bestimmt das Beste, was in einem solchen Fall überhaupt passieren könnte.

Umgekehrt ist es möglich, dass eine Lüge und das Alamieren der Polizei vielleicht zu einer Tragödie führt, was durch eine unerschrockene und aufrichtige Konfrontation des Bösen hätte verhindert werden können. Womöglich dauert es unerträglich lange, bis die Polizei eintrifft, und in der Zwischenzeit könnte es zum Verlust von unschuldigen Leben kommen. Bestimmt gibt es Fälle, in denen das beherzte Handeln eines mutigen Bürgers eine Menge menschliches Leid verhindert. Und nochmals: Ich möchte betonen, dass ich ein solches Verhalten längst nicht allen empfehlen würde, aber ich meine, wir sollten ihm in der Bandbreite der Möglichkeiten zumindest den gebührenden Platz einräumen.

Es besteht eine Spannung zwischen der Möglichkeit, einer Gefahr aus dem Weg zu gehen, und der Möglichkeit, sich dem Bösen in den Weg zu stellen – und es auszuschalten. Ob das gelingt, hängt von vielen Faktoren ab. Wenn ich zugegen bin, wenn ein Mensch auf offener Straße angegriffen wird, soll ich da der Gefahr aus dem Weg gehen oder mich dem Bösen entgegenstellen? Bin ich begleitet von meiner fünfjährigen Tochter, nehme ich sie vermutlich hoch und mache mich mit ihr möglichst rasch aus dem Staub. Bin ich als Polizist zur Stelle, so habe ich hingegen die Pflicht, mich in eine solche Szene einzumischen. So oder so scheint es aber völlig angemessen zu sein, unter solchen Umständen zu lügen, immerhin zählt die Lüge zu den harmloseren Waffen, die ein Mensch gegen einen anderen einsetzen kann. Zum Beispiel könnte man schreien: »Achtung, die Polizei kommt!« oder: »Das hier ist alles von Kameras überwacht. Willst du Jahre im Gefängnis schmachten für das, was du gerade im Begriff bist anzustellen?« Wenn wir andere auf diese Weise hinters Licht führen, könnte das die Situation beruhigen, ohne dass es zur Anwendung von Gewalt kommt. Das wäre ethisch wie taktisch eine sinnvolle Lösung.

4. Könnten Sie erklären, wie Sie es meinen, wenn Sie im Gespräch mit Ronald Howard einen Unterschied machen zwischen den eigenen ethischen Normen und dem Wandel, dem solche Normen in der Gesellschaft unterworfen sind?

Der Einfluss, den ein Gesellschaftssystem auf uns ausübt, reicht weit über das Problem des Lügens hinaus. Wenn wir unser ethisches Leben verbessern wollen, so liegen meine größten Hoffnungen und Erwartungen darauf, dass es uns gelingt, die Normen unserer Gesellschaft zu verändern. Nehmen wir zum Beispiel an, ein junger weißer Mann werde fälschlich eines schweren Verbrechens bezichtigt und zu fünf Jahren im Hochsicherheitstrakt eines Gefängnisses verurteilt. Nehmen wir weiter an, es handle sich um einen sehr ethischen Menschen, der noch nie etwas mit Gewalt am Hut hatte. Selbstverständlich erschreckt diesen Menschen die Aussicht, die nächsten Jahre seines Lebens in der Gesellschaft von Mördern und Vergewaltigern zu verbringen, zutiefst. Als das Gefängnistor hinter ihm ins Schloss fällt, bricht auf einen Schlag ein Leben mit all seinen Interessen und Erwartungen zusammen. Nun hat er sich tunlichst davor zu hüten, sich die Feindschaft eines anderen Häftlings einzuhandeln.

Bedauerlicherweise steht unser Held nun vor der Lektion, wie wenig ihm seine persönliche ethische Haltung unter den gegebenen Umständen hilft. Ein Gefängnis ist ein Ort, an dem perverse Anreize und Gesetze gelten. Wer hier nicht unter die Räder kommen will, muss zeigen, dass er willens und fähig ist, unter Umständen Gewalt anzuwenden. So herrscht beispielsweise in den meisten US-Gefängnissen eine Art Kriegszustand zwischen den verschiedenen ethnischen Gruppen. Unser junger Mann ist gewiss kein Rassist, und er zöge es vor, mit jedem, dem er im Gefängnis begegnet, in Frieden zu leben. So schließt er sich keiner der Gangs an, was ihn zum Opfer von Missbrauch und Vergewaltigung prädestiniert. Wer sich nicht auf eine Seite schlägt, macht sich zum schutzlosen Angriffsziel für alle. Da er ein Weißer ist, wird ihm nicht viel anderes übrig bleiben, als sich unter die Fittiche einer Gang von Weißen zu begeben und sich Leuten anzuschließen, die behaupten, die weiße Rasse sei allen anderen überlegen.

Das tut er denn auch. Um sich innerhalb der Gang einen gewissen Status zu erhalten, wird er nicht darum herumkommen, andere Mitglieder seiner Gruppe gegen Angriffe zu schützen, egal was für Soziopathen das sind. Ebenso stellt er fest, dass er dafür bereit sein muss, auf die geringste Provokation mit Gewalt zu reagieren. Eine Beleidigung zum Beispiel ist mit einem Messerstich zu vergelten. Falls er dazu nicht bereit ist, riskiert er, sich den Ruf einzuhandeln, einer zu sein, der gefahrlos angegriffen werden kann. Wer auf eine geringfügige Provokation nicht umgehend und ausreichend gewalttätig reagiert, setzt sich der schreienden Gefahr aus, nächstens missbraucht zu werden. Entsprechend legt sich unser junger Man jenes Verhalten zu, das ein jedes Hochsicherheitsgefängnis zum Vorhof der Hölle macht. Höchstwahrscheinlich führt das wiederum dazu, dass er sich durch Straftaten, die er hinter Gittern begeht, eine Verlängerung seiner Freiheitsstrafe einhandelt.

Ein Gefängnis ist vermutlich der Ort, wo wir am besten lernen können, was schlechte Anreize in einer Gesellschaft auslösen. Aber auch außerhalb der Gefängnismauern finden wir manch eine

Frau und manch einen Mann, die in einer vergleichbaren Falle des Lebens gefangen sind und in ihren Geschäften Ziele verfolgen, welche die Welt zu einem weit weniger erfreulichen Ort machen, als sie es sein könnte. Politiker und Beamte, die wir mit ihren Ämtern ausstatten, scheren sich nicht um langfristige Probleme, da sie in ihrem Handeln einzig darauf aus sind, in wenigen Jahren wiedergewählt zu werden und sich nach den kurzfristigen Interessen ihrer Wähler richten. Verwalter in Versicherungen verschanzen sich hinter Paragraphen, um Kranken, die sich verzweifelt um Zahlungen von teuren Therapien bemühen, diese zu verweigern. Manager großer Geldinstitute und Investment-Banker gehen überzogene Risiken ein, mit denen sie nicht bloß ihre Firmen aufs Spiel setzen, sondern auch das Wohl einer ganzen Volkswirtschaft, bloß um kurzfristige Gewinne und Boni einstreichen zu können, während sie allfällige Verluste nicht auf die eigene Kappe zu nehmen brauchen. Staatsanwälte ermitteln weiter gegen Bürger, von denen sie wissen, dass sie unschuldig sind, bloß um ihre Karriere mit möglichst vielen erfolgreich abgeschlossenen Fällen befördern zu können. Unsere Regierung betreibt mit Vehemenz einen »Krieg gegen die Drogen«, mit dem einzigen Resultat, dass dadurch der illegale Drogenmarkt steigende Umsätze generiert, wodurch exakt jene Probleme genährt werden, die man vorgeblich bekämpft.

Wir brauchen ein System, das vernünftiger ist, als wir es sind. Wir brauchen Institutionen und kulturelle Grundsätze, die uns aufrichtiger machen und ethischer handeln lassen, als wir heute noch die Tendenz haben, es zu sein. Das Anliegen, solche Werte in der Gesellschaft voranzubringen, unterscheidet sich vom Anliegen eines Einzelnen, seine persönliche Ethik zu steigern – und meiner Ansicht nach zählt es mehr.

5. Ich arbeite als Journalist, und wenn ich ein Interview führe, denke ich oft an Janet Malcolms legendären Text über den Psychoanalytiker Jeffrey M. Masson und dessen nachfolgende Verleumdungsklage. Soll ich einem Interviewpartner gegenüber aufrichtig sein und ihm gleich eröffnen, dass ich unser Gespräch dazu verwenden werde, eine Geschichte zu schreiben, in der vielleicht Dinge stehen, die er nicht unbedingt in der Öffentlichkeit sehen will? Für mich ist das nicht klar. Man stelle sich vor, Truman Capote wäre allen seinen Informanten gegenüber aufrichtig gewesen, als er sein Reportagebuch Kaltblütig *recherchierte. Ginge es uns besser, wenn dieses Buch nie erschienen wäre? Oder wäre es besser, uns läge ein Buch vor, dessen Quellen vorab besser informiert gewesen wären? Das Problem dabei ist, dass viele Auskunftspersonen unter solchen Umständen ihre Kooperation wohl verweigert hätten.*

Hier scheint mir eine wahrhaft schwierige Frage der journalistischen Ethik vorzuliegen. Wie Janet Malcolm selber feststellte, scheint zwischen den Journalisten und ihren Gesprächspartnern eine seltsame Bindung zu erwachsen, eine Mischung aus Vertrauen und Verblendung. Sie hat diese mit Betrug aufgeladene Begegnung hervorragend untersucht in ihrem Buch *The Journalist and the Murderer.* Darin beschreibt sie die Beziehung des Sachbuchautors Joe McGinnis zu Jeffrey MacDonald, einem Arzt bei den Green Berets, der in einem spektakulären Gerichtsfall dafür verurteilt worden war, seine schwangere Frau und die gemeinsamen zwei Töchter ermordet zu haben. Der Fall wurde von McGinnis dargestellt in dessen Bestseller *Fatal Vision.*

Janet Malcolms Analyse scheint mir besonders interessant im Hinblick auf die ethischen Fragen, die sich beim klassischen journalistischen Interview in seiner gedruckten Form stellen. Sie schreibt: »Jeder Journalist, der dazu nicht zu blöd ist oder allzu sehr mit sich selber beschäftigt, um zu merken, was vorgeht, weiß, dass das, was er da tut, moralisch nicht zu rechtfertigen ist. Er agiert als eine Art von Vertrauensperson, und dabei lauert er auf Eitelkeiten seines Gegenübers, nährt sich von dessen Unkenntnis und Einsamkeit. Er erschleicht sich dessen Vertrauen und haut seinen Gesprächspartner anschließend, ohne mit der Wimper zu zucken, in die Pfanne. Wie eine gutgläubige Witwe, die eines

Morgens alleine im Bett erwacht und feststellt, dass sich ihr hübscher, unwiderstehlicher Geliebter mitsamt ihren Ersparnissen aus dem Staub gemacht hat, erwacht der Gutgläubige, der sich dazu hergab, die Informationen zu einer journalistischen Geschichte zu liefern, im Augenblick der Veröffentlichung und lernt seine schwere Lektion. Frei nach ihrem Temperament verstehen sich die Journalisten auf unterschiedliche Weise darauf, ihren Verrat zu rechtfertigen. Wer gerne mit Getöse daherkommt, argumentiert mit der Pressefreiheit und beruft sich auf die Freiheit der Information. Weniger Talentierte sprechen von Kunst, gänzlich Unbedarfte murmeln etwas, sie müssten doch auch irgendwie ihr Brot verdienen.«[20]

Ich würde meinen, Janet Malcolm sei hier ein wenig gar ungnädig mit sich und ihresgleichen – und damit möchte sie sich wohl als unabhängige Stimme andienen. Dennoch halte ich diese Bemerkungen für Enthüllungen, die wir bedenken sollten. Als Interviewpartner, der diese Situation selber schon des Öftern erlebte, kann ich mich dafür verbürgen, was für ein verheerendes Zusammenspiel der eigenen Eitelkeit und des Bedürfnisses, dem anderen zu vertrauen, einem zum Nachteil gereicht. Janet Malcolm beschreibt sehr zutreffend, wie sehr die Dinge dabei aus dem Ruder laufen können:

»Wenn jemand einen Journalisten trifft, scheint etwas Besonderes zu geschehen – und was dabei tatsächlich passiert, ist das genaue Gegenteil von dem, was man erwarten würde. Man denkt sich, bei dem, was bei einer solchen Begegnung auf dem Spiel steht, würde sich ein Interviewter besonders vorsichtig verhalten und sich zurückhalten. Stattdessen machen sich kindische Vertrauensseligkeit und Zwanglosigkeit breit. Als würde die Begegnung mit einem Journalisten in etwa das auslösen, was die Begegnung mit einem Psychotherapeuten auslöst. Der Auskunftsgeber regrediert zu einer Art Kind des Journalisten. Er macht diesen in seiner Vorstellung zu einer alles vergebenden, liebenden Muttergestalt und erwartet, sie werde es sein, welche später den Text über ihn schreibt. Selbstverständlich wird der Text von jemand anderem geschrieben: vom gestrengen Vater, dem nichts entgangen ist und der nichts vergibt».[21]

Malcolms Bewunderung für Freud wirkt heute vielleicht etwas angestaubt, doch hier beschreibt sie ganz offenherzig, wie hinterhältig die Hoffnungen eines Journalisten oft sind, verglichen mit den Hoffnungen von dessen Interviewpartnern.

Gemäß eigener Erfahrungen mit Journalisten, die im Printbereich arbeiten, wissen die sehr genau zu unterscheiden zwischen Äußerungen, die zur Veröffentlichung bestimmt sind, und solchen, die off the record gemacht werden. Dieser Unterschied gilt als sakrosankt. Wenn es darum geht, Wahrheit und Fiktion auseinanderzuhalten, sieht die Sache aber ziemlich anders aus. So kommt den Worten »off the record« so gut wie magische Bedeutung zu, sie erzielen ihre Wirkung jedoch bloß im Hinblick auf Dinge, die danach gesagt werden, und nie gelten sie für Aussagen, die bereits getätigt wurden. Dieses temporäre Ungleichgewicht scheint mir doch einiges darüber darüber zu verraten, wie sehr Journalisten darauf erpicht sind, dass ihrem Gegenüber etwas Dummes rausrutscht, das sie verwerten können. Richtig gemein wird die Sache, wenn für eine Aussage, die für beide Beteiligten als »off the record« gilt, hernach eine andere Quelle gesucht wird, welche ebendiese privat getätigte Aussage wieder »on the record« bringt. Ich hatte es mit Journalisten zu tun, die mich wie nebenbei baten, ihnen weitere Gesprächspartner aus meinem persönlichen und beruflichen Umfeld zu nennen, nur um von diesen Personen Fakten genannt zu bekommen, die ich im Gespräch aus Sicherheitsgründen von einer Veröffentlichung ausgeschlossen hatte. Offensichtlich ist das unter Journalisten, die im Printbereich tätig sind, ein Standardverfahren. Als einer, der davon persönlich betroffen war, muss ich sagen, dass mir solches Verhalten als absolut unethisch erscheint.

Allerdings räume ich ein, dass der Typus des »Hab-dich-erwischt«-Interviews unter Umständen seine Berechtigung haben mag, wenn es dadurch zum Beispiel möglich wird, einem Politiker nachzuweisen, dass er abweichende Meinungen oder

Gewohnheiten hat, über die seine Wähler in Kenntnis gesetzt werden sollten. Doch wenn es in einem Interview darum geht, Informationen und Ansichten einer Person klar zum Ausdruck zu bringen, scheint mir das Bestreben, diese Auskunftsperson einer Dummheit zu überführen, völlig verfehlt. Die kontroversesten Aussagen, die ich je gemacht habe, sind solche, die ich selber geschrieben habe, und gerne bin ich bereit, diese Aussagen zu verteidigen. Dennoch scheinen einige Journalisten darauf aus zu sein, mich zu überführen, über den Islam Aussagen gemacht zu haben, er sei eine schreckliche Religion, deren Kernaussagen entwürdigend und stupide seien und der selbst in seiner höchst entwickelten Form nicht ausreiche, um so etwas Ethischem wie dem Jainismus die Stiefel zu lecken. Vielleicht sollte ich an dieser Stelle erwähnen, dass ich hier vom Islam und vom Jainismus als Gedankengebäuden spreche und nicht von einzelnen Menschen, die Muslime sind oder Jains. Manchmal suchte ich solche Klärungen nach einem Interview anzubringen, stieß beim Journalisten damit aber auf eine erhebliche Zurückhaltung, solche Verbesserugen in den Text aufzunehmen, und man beharrte auf den vorherigen aufrührerischen Aussagen.

Dagegen ließe sich einwenden, solche Klagen würden dem Printjournalismus gegenüber anderen Medien zu viele Pflichten aufbürden. Bei Radio- und TV-Interviews gibt es schließlich keine

Gelegenheit, seine Aussagen gegenzulesen oder im Nachhinein zu korrigieren. Doch dieser Einwand sieht über gewichtige Unterschiede zwischen gedruckten und den elektronischen Medien hinweg. Im Printbereich ist es die Norm, dass ein stundenlanges Gespräch verdichtet wird zu einem eher kurzen Artikel, und der Journalist kann über dieses Material schier nach Belieben verfügen. Er braucht es bloß mit ein, zwei kurzen, dazwischengestreuten Zitaten zu garnieren. Aus Sicht des Interviewten öffnet dieses Verfahren den Möglichkeiten der Verzerrung auf eine erschreckende Weise Tür und Tor, ob dies nun unabsichtlich oder bewusst geschehen mag. Was für ein Unterschied zu einem Fernseh- oder Radiogespräch, das meist unbearbeitet ausgestrahlt wird, ob die Unterhaltung nun fünf oder fünfzig Minuten dauert! Dabei bekommt der Interviewte meist eine faire Chance, sein Anliegen ohne nachträgliche Bearbeitung darzustellen. Allerdings kann man es auch bei einem Live-Interview mit einem feindlich eingestellten Gegenüber zu tun bekommen, oder das Interview wird in einen schrägen Zusammenhang eingebettet. Dennoch würde ich meinen, man bliebe bei einer solchen Gelegenheit so gut wie immer von der unangenehmen Überraschung verschont, vom Journalisten grundlegend missbraucht zu werden.

All das gesagt, muss ich zugeben, dass ich wohl keine klare Antwort auf Ihre Frage geben kann. Ist es nötig, jedem Kandidaten eines Interviews vorab eine Zusammenfassung von Malcolms Werk zu geben? Wahrscheinlich ja nicht. Aber ich halte es für eine ethische Pflicht, dass ein Journalist sich immerhin darum bemüht, das, worum es dem Interviewten geht, korrekt zur Darstellung zu bringen und ihm die Gelegenheit zu geben, Gedankengänge deutlicher zum Ausdruck zu bringen, die beim ersten Anlauf vielleicht etwas hölzern missverständlich dahergekommen sind. Diese Art von Großzügigkeit wird es weiterhin erlauben, Kante zu zeigen und eine Laufbahn abrupt an ihr Ende zu bringen. Manch einer, der sich durch ein Interview schwer blamiert hat, wird stur darauf bestehen, er habe es genau so gemeint und nicht anders.

6. *Ich schreibe Ihnen aus Japan, wo ich seit zwanzig Jahren lebe, obschon ich in den USA geboren und aufgewachsen bin. Hier ist lügen eine Kunstform. »Honne« ist der Begriff für das, was man wirklich meint, »Tatemae« steht als Begriff für das, was man als Ansicht oder Gefühl äußert, wenn gemäß eigener Einschätzung die Wahrheit als unbequem oder unvorteilhaft gilt. Die Menschen hier wechseln zwanglos zwischen diesen zwei Spielarten, und wer das nicht draufhat, gerät leicht in den Ruch, es mangle ihm an Umgangsformen. Wie Ihnen vielleicht bekannt ist, können die japanischen Vorstellungen von Ethik von Fall zu Fall verschieden sein. Werte wie Offenheit, Direktheit,*

Ehrlichkeit und Verlässlichkeit, die in der amerikanischen Gesellschaft einiges Ansehen genießen, gelten hier nicht viel, und sie können unter Umständen gar etwas anderes bedeuten.

Obschon ich die Prinzipien teile, die Sie in Ihrem Buch vertreten, frage ich mich, ob Sie der Ansicht sind, diese Grundsätze sollten kulturübergreifend hochgehalten werden. Zumindest in Japan wäre es so, dass eine Hinwendung zu mehr Ehrlichkeit nicht bloß dem Einzelnen abverlangen würde, seine Ethik grundlegend neu auszurichten und sich im Verlaufe der Zeit neue Grundsätze zuzulegen. Hier müsste eine ganze Gesellschaft auf den Kopf gestellt werden.

Ich habe in Indien mal einen Bus genommen in der Hoffnung, er würde mich nach Haldwani, einer Stadt in Nordindien, bringen. Als ich den Bus bestieg, erkundigte ich mich beim Mann am Steuer, ob er nach Haldwani fahre. Er versicherte mir, das habe er vor und verkaufte mir einen Fahrschein. Nach zwei Stunden unterwegs wurde ich unruhig, denn mir war gesagt worden, die Fahrt dauere lediglich eine Stunde. Da wandte ich mich an einige Passagiere und fragte sie, ob unser Bus nach Haldwani fahre. Dies wurde mir umgehend bestätigt. Es dauerte eine weitere Stunde, bis mir klar wurde, dass ich im falschen Bus saß. Und noch etwas später erfuhr ich dann, dass es in dem Teil des Landes als unhöflich gilt, einem anderen zu widersprechen, der eine klare Meinung vertritt.

Offensichtlich wollten jene höflichen Menschen mich nicht bloßstellen, indem sie mir klargemacht hätten, dass ich im falschen Bus saß. Ich muss zugeben, mir fällt es schwer, mir vorzustellen, wie eine solche kulturbedingte Norm Menschen in ihrem Wachstum weiterbringen soll.

Ich kann mir gut vorstellen, dass es in gewissen Kulturen keine gute Idee ist, immerzu die Wahrheit sagen zu wollen. Dennoch scheint es mir so, dass es eine entscheidende Rolle spielt, wie in einer Gesellschaft die Frage der Aufrichtigkeit oder Lüge behandelt wird, wenn es um die psychologische Nähe oder Distanz geht zwischen einem selbst und anderen, oder auch unter Freunden und gegenüber Fremden. Wenn wir davon ausgehen, dass Vertrauen und Intimität und ein umfassendes Verständnis von Ethik unweigerlich darauf hinauslaufen, diese Distanz zu überbrücken, denke ich, es müsse universell gültige Normen bezüglich des Lügens geben. Bestimmte Kulturen bringen mehr Misstrauen und weniger Wille zur Zusammenarbeit mit sich als andere, in einigen wird der Begriff der Ehre hochgehalten, während das gegenseitige Verständnis nicht viel gilt. Wie wir die verschiedenen Parameter einer Gesellschaft einstellen, bleibt für mich eine offene Frage, doch bin ich wild entschlossen, den Wert der Ehrlichkeit zu verteidigen gegen Einwände, es handle sich hierbei bloß um eine Attitüde westlicher Selbstbezogenheit. Allerdings muss ich einräumen, dass einem das nicht unbedingt groß weiterhilft, wenn man in einer Gesellschaft lebt, in der Aufrichtigkeit nicht als Norm gelebt wird.

7. Was ist mit Überraschungspartys?

Als einer, der schon der Mittelpunkt einer Überraschungsparty war und bei anderen solchen Gelegenheiten als Gast teilnahm, würde ich meinen, der Aufwand an Unehrlichkeit, der unweigerlich damit einhergeht, lohne nicht den Ertrag. Der Aufwand an Lügen, den man damit betreibt, ist unangenehm, und selbst wenn die Sache ohne bleibenden Schaden über die Bühne geht, wird sich der Überraschte fortan daran erinnern, dass er von seinen Freunden und von seiner Familie mit Erfolg hinters Licht geführt worden ist. Das scheint mir ein fragwürdiges Geschenk zu sein. Möchten wir denn tatsächlich die Erfahrung machen, dass uns die Menschen, die wir lieben und denen wir rundum vertrauen, uns geradeheraus ins Gesicht belügen können, ohne dass wir etwas bemerken? Wollen wir eine solche Erfahrung mit anderen teilen?

Eine Überraschungsparty lässt sich doch auch organisieren, ohne dass das Fest selbst eine Überraschung sein muss. Der Gefeierte darf doch vorher erfahren, dass etwas für ihn geplant ist, ohne über die Einzelheiten ins Bild gesetzt zu werden – und so weiß er, dass er dazu besser keine Fragen stellt. »Halt den Mund und steig ins Auto!« bringt vielleicht nicht ganz denselben Effekt hervor wie die Ankündigung »Überraschung!«, doch viele Vergnügen werden in etwa dieselben sein. Mir sind Leute bekannt, die ihren Partner entführten und mit gepackten Koffern zum Flughafen verfrachteten. Selbst wenn sich das Reiseziel und die Abflugzeit nicht verheimlichen lassen, kann man über den Grund der Reise Schweigen bewahren. Selbst wenn Ihr Partner weiß, dass Sie ihn nach San Francisco entführen, wird er doch ziemlich überrascht sein, wenn er an Ort und Stelle erfährt, dass Sie mit ihm vor den Farallon-Inseln tauchen gehen, um dort den großen weißen Haien zu begegnen.

8. Was ist zu tun, wenn man bereits gelogen hat oder mit der Wahrheit hinterm Berg hielt? Sagen wir die Lüge besteht darin, dass Sie Ihre Frau betrogen haben. Sie betrachten das heute als einen Fehler, und die Sache geht auch nicht weiter. Empfehlen Sie dennoch, mit der Wahrheit herauszurücken? Das wird Sie selber verletzen, Ihre Frau, Ihre Kinder, aber auch die verheiratete Frau, mit der Sie die Affäre hatten, deren Mann und deren Kinder. Womöglich führt es gar zum Ende von zwei Ehen. Oder sollte man die Sache für sich behalten, sodass man aus Schuld nur selber dran leidet und die anderen vor diesem Leiden bewahrt?

Das ist eine sehr schwierige Frage, wenn man sie im luftleeren Raum beantworten will. Grundsätzlich erweist sich an diesem Beispiel der unschätzbare Vorteil, sich im Leben von Anfang an der Ehrlichkeit zu verpflichten, wodurch man schon gar nie in eine solche Lage gerät. Wenn man von sich weiß, dass man nicht lügen kann, fällt eine außereheliche Affäre von vornherein aus dem Rahmen der Möglichkeiten. Andersrum ausgedrückt, bedeutet eine solche Affäre, dass man sich dazu entschlossen hat, den Folgen, die sie unweigerlich nach sich zieht, ins Auge zu blicken, also höchstwahrscheinlich das Ende der Ehe.

Dessen ungeachtet, ist es – egal wann und egal, wo man steht – stets richtig, sich in seinem Leben der Ehrlichkeit und Aufrichtigkeit zuzuwenden. Sind diesem Wendepunkt Jahre von Lug und Trug vorausgegangen, mag es schwerfallen, sich vorzustellen, wie sich die Wende vollziehen lässt, ohne andere zusätzlich zu verletzen.

Der Unterschied, auf den es ankommt, scheint darin zu bestehen, Lügen und das Bewahren eines Geheimnisses auseinanderzuhalten. Erfordert das Verschleiern jenes Betrugs von anno dazumal von einem, dass man weitere Aktionen des Verschleierns und Lügens auf sich nimmt, oder ist die Sache tatsächlich begraben und vergessen? Ruht das Geheimnis unbedroht in der Vergangenheit und es ist frei von Auswirkungen auf die Gegenwart der Beziehung – abgesehen von den möglichen Folgen einer Enthüllung –, so ließe sich ins Feld führen, ein Aufdecken würde nichts Gutes nach sich ziehen. Dem würde ich entgegenhalten, dass, wer ein schmerzhaftes Geheimnis unter dem Deckel hält, in vielen Fällen bereit sein muss, immer mal wieder zu lügen, und das halte ich in einer Beziehung für schleichendes Gift. Hier scheint es mir angemessen, die Goldene Regel ins Spiel zu bringen: Verheimlicht man ein Geheimnis, das man erfahren möchte, falls man im umgekehrten Fall jene Person wäre, vor der es verheimnlicht wird?

Mir fehlt in solchen Fällen eine allgemein gültige Regel. Es scheint möglich zu sein, dass wir zum Schluss kommen, bestimmte Wahrheiten besser nicht zu verraten, so wir sämtliche Implikationen in Betracht gezogen haben. Doch wer in seinem Leben wahrhaft ehrlich sein will, wird sich mit nichts weniger zufriedengeben als einem Zustand, bei dem es nichts zu verbergen gibt.

9. *Ich habe mich im Verlaufe der herrschenden Rezession leider vergeblich um manch eine Stelle beworben und muss heute sagen, dass Ehrlichkeit längst nicht so toll ist wie gedacht. Gelegentlich werde ich in einem Bewerbungsgespräch gefragt, warum ich an dieser Stelle arbeiten wolle. Die ehrliche Antwort wäre: »Weil ich verzweifelt bin und das Geld brauche« oder: »Weil Ihr Laden ganz in der Nähe liegt von da, wo ich wohne«. Das würde garantiert dazu führen, dass ich eine Absage bekäme, obwohl ein Bewerber, der sich durch so viel Aufrichtigkeit auszeichnete, vielleicht ein besserer und loyalerer Angestellter wäre. Unaufrichtig zu be-*

haupten, etwas sei wahr und treffe zu, mag weniger gut sein, als die Sache geradeheraus beim Namen zu nennen, doch in der Praxis zahlt sich das nicht aus. Wie Sie es im Buch darlegen, trifft das auf die Verhältnisse im Krieg zu, es scheint aber genauso auf dem Stellenmarkt zu gelten. Vielleicht aber ja auch im gesamten Bereich, der dazwischenliegt.

Da muss ich zugeben, dass bestimmte Systeme derart korrupt sein können oder die Lage derart verworren, dass ein aufrichtiger Mensch damit einfach nicht zurechtkommt. Auf einem Stellenmarkt, in dem jeder, der sich bewirbt, mit Erfolg über seine Fähigkeiten lügt, bleibt dem einzigen Bewerber, der sich an die Wahrheit hält, der Erfolg versagt. Vor der düsteren Aussicht, seine Familie am Hungertuch nagen zu sehen, mag ein ehrlicher Bewerber seine Lage wohl durchaus mit der in einem Kriegszustand vergleichen.

Hierbei handelt es sich jedoch um eine Gesellschaft, die sich mit Lügen vergiftet hat – und das ist eine Gesellschaft, die verzweifelt nach einer Veränderung lechzt. Eine solche Situation trägt auch bereits den Samen der Veränderung in sich, schließlich liegt es im Interesse der Arbeitgeber zu erfahren, wen sie unter Vertrag nehmen. Es braucht ein Betrieb auf dem Stellenmarkt doch bloß einige Nieten zu ziehen, und dann ist den Leuten klar, dass sie sich besser über die Qualifikationen der Bewerber informieren oder dass sie deren Referenzen sorgfältiger erfassen sollten.

Ich meine aber auch, Sie könnten die Macht der Ehrlichkeit unterschätzen, zum einen im Hinblick darauf, wie sehr sich mögliche Arbeitgeber davon positiv beeindrucken lassen, zum anderen, wie gut Ehrlichkeit einem hilft, im Leben Prioritäten zu setzen. Bestimmt lässt sich über so gut wie jeden Job, für den man sich bewirbt, etwas Positives sagen. »Warum möchten Sie für Starbucks arbeiten?« Zumindest könnte man dazu ehrlich sagen, man habe Kaffee gern. Falls Ihnen das nicht möglich sein sollte, müsste es doch eine Reihe anderer Unternehmen geben, für deren Produkte oder Marken Sie aufrichtig schwärmen können. Nur wenige Arbeitgeber dürften von Bewerbern erwarten, dass sie ihnen gegenüber behaupten, sie hofften bei ihnen zur Bestimmung ihres Lebens zu finden. Und falls man lügt und ihnen gegenüber gerade das behauptet, werden Sie sich zu Recht ernstlich Sorgen machen über die geistige Gesundheit ihres Gegenübers. Abgesehen davon, lässt sich eine der ehrlichen Aussagen, die Sie eingangs enthüllten, durchaus positiv deuten: »Ihr Laden liegt ganz in der Nähe von da, wo ich wohne. Das heißt, ich würde immer schön pünktlich zur Arbeit erscheinen.«

10. Ich glaube, es gibt im Leben bestimmte Situationen, in denen es besser ist, die Realität vollständig verzerrt darzustellen. Unter Umständen kann das sogar eine moralische Pflicht sein.

Nehmen wir als Beispiel einen geliebten Menschen, der vor einem bedeutenden chirurgischen Eingriff steht, bei dem es um Leben und Tod geht, und wir wissen, dass die Chance auf eine Heilung gering ist. Nun fragt uns diese Freundin wenige Stunden vor dem Eingriff, ob wir denken, sie werde es schaffen. So wie Sie die Sache in Ihrem Buch darstellen, läge die beste und ethisch vertretbare Antwort darin, ihr die Wahrheit zu eröffnen, so wie sie einem bekannt ist.

Ich würde meinen, in einem solchen Fall sei es weit besser, anderen unsere Sicht der Dinge zu ersparen. Wir sollten dem geliebten Menschen versichern, es werde alles gut gehen, und sie werde durch den Eingriff gesund werden; und dies sollten wir tun, obwohl wir über gegenteilige Informationen verfügen. Wie wir wissen, gibt es mittlerweile haufenweise medizinische Studien, die den praktischen Nutzen einer positiven Erwartungshaltung bei der Heilung von Krankheiten und Verletzungen belegen. Und selbst wenn es schiefgehen sollte – womöglich weil etwas mit den Studien nicht stimmt – und es nicht gelingt, die Heilungschancen der Freundin zu verbessern, würde ich meinen, es sei immer noch besser, einen Menschen aufgebaut und getröstet zu haben, statt ihn in Furcht und Schrecken zu versetzen, was meiner Meinung nach den Nachteil der Unaufrichtigkeit aufwiegt.

Ich glaube, da haben Sie einige Aspekte ausser Acht gelassen, die dafür sprechen, die Wahrheit zu sagen. Erstens besteht die Möglichkeit, dass Ihre beschönigende Aussage zu den guten Aussichten des Eingriffs in den Ohren der Belogenen unwahr klingt, und dies ist umso wahrscheinlicher der Fall, als Ihnen das Lügen gegen den Strich geht. Wie wird sich die geschätzte Freundin vorkommen, wenn sie merkt, dass sie aus Angst vor der Wahrheit belogen wird?

Warum nicht etwas zu ihr sagen im Stile von: »Mach dir keine Sorgen, da wartet ein ausgezeichneter Chirurg auf dich, und ich werde die ganze Zeit nicht von deiner Seite weichen. Wenn andere diese Prozedur gut überstehen, so wird dir das doch bestimmt auch möglich sein.« Mir scheint, mit solchen Aussagen kann man dem Bedürfnis nach Trost Genüge tun, ohne falsche Informationen zu verbreiten. Das macht es möglich, zur geliebten Person eine wahrhafte Bindung aufrechtzuerhalten, statt sich in eine, wenn auch gut gemeinte, aber unaufrichtige und angstbehaftete Vorstellung zu versteigen.

11. Der Verhaltensökonom Dan Ariely erlitt als Teenager schwere Verbrennung von mehr als 70 Prozent seines Körpers. Im Rückblick erinnerte er sich an eine beschönigende Lüge, durch die er damals von den Krankenschwestern auf eine anstehende Therapie vorbereitet wurde. Obwohl diese Therapie extrem schmerzhaft war, versprachen ihm die Schwestern, die Behandlung werde ihm keine Schmerzen bereiten. Hätte er die Wahrheit gekannt, so hätte sich Ariely Wochen im Voraus wegen des bevorstehenden Leidens geängstigt. Dank der Lüge setzte das Leiden erst ein, als er der Behandlung unterzogen wurde und ihn die damit einhergehenden Schmerzen überkamen. Im Rückblick sagt Ariely, er betrachte die Lüge von damals als einen Akt der Tugend und des Mitgefühls.

Ariely liegt mit seiner Einschätzung vermutlich richtig, wenn er den Nettoertrag der Lüge in dieser Situation als positiv wertet. Dennoch würde ich bezweifeln, dass es ein gutes und vertretbares Verhalten ist, Patienten zu belügen. Wie oft würde er sich von den Krankenschwestern hinsichtlich zu erwartender Schmerzen noch belügen lassen? Man kann sich gut vorstellen, wie er sich bei der nächsten solchen Ankündigung vor Schrecken windet, selbst wenn ihm diesmal zu Recht versichert würde, die Sache werde schmerzfrei abgehen – bloß weil er jetzt weiß, dass er unter Umständen belogen wird. Denkbar ist auch, dass er beim ersten Mal auf einem anderen Weg die Wahrheit erfährt, und dann hat er nicht bloß guten Grund, sich wochenlang wegen der bevorstehenden Schmerzen zu martern, sondern er wird sich auch noch wegen der ethischen Integrität der ihn behandelnden Menschen Sorgen machen. Ganz generell möchte ich sagen, der Schaden, den Lügen in der Pflege anrichten, sei klar größer als deren möglicher Nutzen.

12. Ich gehöre zu den chassidischen Juden, privat lebe und praktiziere ich meinen Glauben aber nicht mehr. Würde mein Unglauben öffentlich bekannt, so würde das für meine Eltern, Geschwister, meine Großmutter und etliche mehr unvorstellbares Leiden bedeuten. Meine Ex-Frau würde vor Gericht ziehen, um mein Besuchsrecht für die gemeinsamen Kinder weiter zu beschneiden, und das zöge unvorhersagbare Konsequenzen nach sich. Meine Kinder lieben mich sehr, und sie sind die einzigen Chassiden, die über meinen Abfall vom Glauben im Bild sind. Die Entfremdung und Scham, die ich gegenüber der chassidischen Gemeinschaft empfände, wären unerträglich. So finde ich es zwar schrecklich, eine Lüge zu leben, doch sehe ich eine Offenlegung der Wahrheit meinerseits nicht als valable Lösung, und ich denke auch nicht, dass es ethisch besser wäre.

Ganz generell kommt mir die Weise, wie Sie die Ethik des Lügens behandeln, ziemlich abgehoben vor. Scheinbar können Sie sich nicht vorstellen, was es heißt, in einer Gesellschaft zu leben, in der es zum guten Ton gehört, abweichende Ansichten zu unterdrücken. Wer unter solchen Umständen lebt, hält gewisse Einzelheiten aus seinem Leben vor der Öffentlichkeit verborgen, denn das Bewahren solcher Geheimnisse bedeutet den Unterschied zwischen einer eingeschränkten Freiheit auf der einen Seite und Gefängnis oder Tod auf der anderen. Was sagen Sie zum Beispiel dazu, wenn jemand die

Tatsache seiner Homosexualität oder seine Zweifel an der Existenz von Gott für sich behält in einer Gesellschaft, die Schwule und Atheisten mit dem Tod verfolgt?

Noch einmal: Wer in einer ausreichend feindlichen Umgebung lebt, schlägt sich gewiss mit schwerwiegenderen Problemen herum als mit dem Problem des Lügens. Wenn jemand aufgrund seiner Überzeugungen unter der Drohung des Todes lebt, so ist es das ethische Gebot der Stunde und ein Akt der Selbstverteidigung, mit seinen abweichenden Ansichten hinterm Berg zu halten. Die Lage, in der Sie persönlich stecken, scheint sehr verzwickt, und ich kann nachvollziehen, warum Ihnen der Preis dafür, die Wahrheit auszusprechen, als zu hoch erscheint. Sie sind umgeben von Menschen, denen Sie nicht trauen können. Oder andersherum ausgedrückt, trauen Sie diesen Menschen zu, sehr unvernünftig zu handeln, falls sie je die Wahrheit über Sie erfahren würden. Das gehört zu den widerlichsten Erscheinungen von Glaubensvorstellungen und Gemeinschaften, die sich um sie bilden. Was immer gemeinhin als seine Vorzüge gilt: Der Glaube ist Feind eines jeden offenen und aufrichtigen Austauschs unter Menschen. Offen zu sein für die Vorzüge des Gesprächs, Aufgeschlossenheit gegenüber neuen Beweisen und Argumenten, das ist nicht bloß eine Grundlage der Vernunft. Es ist der Kern der Liebe.

DANKSAGUNG

Ich bedanke mich bei meiner Frau und Mitarbeiterin Annaka Harris für ihren Einsatz beim Überarbeiten dieses Textes. Die Lektoratsarbeit ist stets entscheidend, auf diesen Essay trifft das besonders zu, denn es war Annaka, welche die Idee zum Thema Lügen hatte, und so bin ich ihr zu tiefem Dank verpflichtet. Bei allen meinen Veröffentlichungen verbessert Annaka den Inhalt, den Aufbau, den Ausdruck und die Syntax des Textes – für einen Schriftsteller ist das so ungefähr die höchste Form von wahrer Liebe.

Ich möchte mich bei Ronald A. Howard bedanken. In meinem ersten Jahr in Stanford hat er mich als Lehrer mit den Vorzügen der Ehrlichkeit vertraut gemacht, für dieses Buch war er bereit, das Thema weiter zu vertiefen.

Meiner Mutter bin ich zu Dank verpflichtet, ihre Kommentare haben dieses Buch rundum verbessert. Auch meinen Freunden Emily Elson, Tim Ferriss und Seth Godin danke ich, sie haben diesen Text in einer frühen Fassung gelesen und mir sehr wertvolle Rückmeldungen dazu gegeben. Ebenso möchte ich mich bei Hunderten von Lesern bedanken, die meiner Bitte um kritische Rückmeldungen nachgekommen sind und die erste Fassung des E-Books kommentierten.

Anmerkungen

1. Howard hat den Großteil seiner schriftlichen Unterlagen in einem Buch vorgelegt: *R.A. Howard und C.D. Korver: Ethics for the Real World: Creating a Personal Code to Guide Decisions in Work and Life* (Harvard Business School Press, Cambridge 2008). Obwohl ich nicht ganz einig bin mit der Art, wie die Autoren die Ethik losgelöst von weiteren menschlichen Werten behandeln, bin ich überzeugt, dass meine Leser dieses Werk äußerst nützlich finden werden.

2. Einige Forscher argumentieren, die Evolution müsse durch Selektion die Fähigkeit, sich selber, zu täuschen hervorgebracht haben, wodurch es uns auch leichter falle, andere hinters Licht zu führen (vergl. William von Hippel und Robert Trivers: The Behavioral and Brain Sciences 34, Nr. 1 [2011]: 1–16; Diskussion 16–56). Doch ob es eine Form der Selbsttäuschung gibt, die tatsächlich dem Akt eines Belügens von sich selbst gleichkommt, ist nach wie vor Gegenstand von Auseinandersetzungen. Es steht außer Frage, dass wir blind sein können gegenüber Tatsachen, die uns selber betreffen, und dass wir diesen Tatsachen ins Auge blicken sollten. Die Forschung über kognitive Voreingenommenheit ist ein faszinierendes Gebiet. Die Frage bleibt offen, ob uns die Wahrheit erreicht und wir uns unbewusst dagegen entscheiden oder ob uns die Wahrheit schon gar nicht erreicht. So oder so handeln wir aufrichtig, wenn wir im Austausch mit anderen unsere Fehlannahmen wahrhaft glauben. Demnach brauchen wir uns im Weiteren um die Selbsttäuschung nicht zu bekümmern.

3. S. Bok: Lying – Moral Choice in Public and Private Life (Vintage, New York 1999)

4. M. DePaulo und D.A. Kashy: Everyday Lies in Close and Casual Relationships (Journal of Personality and Social Psychology 74, Nr. 1, Jan. 1998; 63–79)

5. B.M. DePaulo, et al.: Lying in Everyday Life (Journal of Personality and Social Psychology 70, Nr. 5, 1996; 979–995)

6. P.J. Kalbfleisch: Deceptive Message Intent and Relational Quality (Journal of Language and Social Psychology 20, Nr. 1–2 [2001]; 214–230); T. Cole: Lying to the One You Love: The Use of Deception in Romantic Relationships (Journal of Social and Personal Relationships 18, Nr. 2 [2001]; 107–129.

7. Vergleichbar unterscheiden wir in der angewandten Ethik zwischen positiven und negativen Anforderungen. Negative Anforderungen sind Taten, die wir zu unterlassen haben; positive Anforderungen sind Taten, die von uns erwartet werden. Zwischen den zwei Bereichen besteht ein beeindruckendes Ungleichgewicht. Negativen Anforderungen können wir in unbeschränkter Menge genügen, ohne die leiseste Anstrengung zu vollbringen: Ich bringe es locker fertig, nicht zu morden, zu stehlen oder anderer Leute Eigentum zu beschädigen, ohne mich aus dem Lehnstuhl zu erheben. Positive Anforderungen verlangen von mir jedoch, dass ich etwas tue: Um beispielsweise eine wohltätige Sache zu fördern, muss ich Spenden eintreiben. Und was immer ich unternehme, wird Zeit und Aufmerksamkeit von mir beanspruchen, die ich für andere Anliegen nicht aufbringen kann.
Ein weiterer gewichtiger Unterschied zwischen positiven und negativen Anforderungen besteht darin, dass es recht offensichtlich ist, wenn ich den negativen Genüge getan habe. So kann ich mit größter Bestimmtheit sagen, dass ich heute keinen Mord begangen habe. Wenn ich mich jedoch frage, wie es bei mir denn punkto großzügiger Taten steht, so weiß ich nie ganz sicher, ob ich dieser Anforderung Genüge getan habe: Habe ich den richtigen Menschen auf die richtige Weise und zum rechten Zweck gegeben?
Nicht lügen ist eine negative Anforderung, und sie zu er-

füllen, verlangt von uns keinerlei Anstrengung. Die ganze Wahrheit zu sagen, ist hingegen eine positive Anforderung, und sie verlangt von uns einen beständigen Einsatz bei jeder Kommunikation.

8. K.A. Broomfield, E.J. Robinson und W.P. Robinson: Children's Understanding about White Lies (British Journal of Developmental Psychology 20, Nr. 1 [2002]; 47–65)

9. Zumindest verweigern wir ihnen einen Zugang zur Wirklichkeit, wie wir sie sehen. Wenn unsere Wahrheit eher eine Frage unserer Ansicht ist – sei es, ob wir das Werk einer Person mögen, deren neuem Haarschnitt und dergleichen mehr –, so besteht selbstverständlich kein Unterschied zwischen unserer Ansicht und der Wirklichkeit, wie wir sie wahrnehmen.

10. Er hat schließlich zwanzig Pfund abgenommen. Das ist zwei Jahre her, und seitdem hat er sein reduziertes Gewicht gehalten.

11. Viele Leser haben mir bei diesem Punkt heftig widersprochen. Und einige haben mir Szenarien geschildert, in denen die Folgen davon, die Wahrheit zu sagen, derart schwerwiegend sind und die Vorteile derart schwer fassbar, dass sich die Vorteile, eine beschönigende Lüge zu erzählen, schwerlich von der Hand weisen lassen. Zum Beispiel:
Stellen Sie sich vor, Sie seien mit Ihrer Tochter an deren Hochzeitstag und bekämen bei der Gelegenheit zum ersten Mal ihr Hochzeitskleid zu Gesicht. Sieht sie darin unvorteilhaft dick aus, so gibt es die Chance für Sie, dass Sie mit Ihrer Ehrlichkeit an dem Tag jemand keinen Gefallen tun. Sie werden sie durch die Kirche zum Altar führen. Wenn Sie jetzt etwas von sich geben, das nicht einer Bestätigung gleichkommt, so wird das unter den gegebenen Umständen aussehen wie ein Versagen Ihrer Liebe. Das ist einer der

wichtigsten Tage im Leben Ihrer Tochter. Sie haben die Wahl: Entweder Sie bewahren sich (egoistisch) Ihre weiße Weste der Ehrlichkeit, oder Sie bewahren Ihre Tochter davor, sich schrecklich zu fühlen in gerade dem Moment in ihrem Leben, an dem sie das am wenigsten gebrauchen kann. Was werden Sie tun? Ich will Ihnen einen Tipp geben: Ein guter Vater wird nicht zu ihr sagen, sie sehe dick aus und seiner Tochter dazu noch ein paar Diät- und Fitnesstipps zustecken, während er sie zum Traualtar führt.
Dem stimme ich zu. Allerdings möchte ich dagegenhalten, dass es selbst unter solchen Umständen möglich sein muss, aufrichtig und unterstützend zu sein. Mit der Liebe eines Vater für seine Tochter zu sagen: »Du siehst hinreißend aus«, bezieht sich auf den Menschen und weniger auf Einzelheiten von dessen Kleidung. Das scheint mir eine wesentliche Wahrheit zu sein, die einem leicht über die Lippen geht.
Aber ich will mich hier nicht auf einen Grundsatz versteifen, immer nur ehrlich zu sein, egal, was die Folgen sind. Wenn die Umstände einer Situation bereits so voreingestellt sind, dass es sehr schwerfällt, einen Vorteil zu erkennen, die Wahrheit auszusprechen, und der Schaden, den es anrichtet, ins Auge zu fallen scheint, dann scheint mir, lässt sich wahrhaft von einer »weißen« Lüge sprechen.

12. Bok (1999) argumentiert ebenso.

13. B.J. Sagarin, K. Rhoads und R.B. Cialdini: Deceiver's Distrust: Denigration as a Consequence of Undiscovered Deception (Personality and Social Psychology Bulletin 24, Nr. 11 [1998]: 1167–1176)

14. https://www.ted.com/talks/ben_goldacre_battling_bad_science

15. Gewisse Kontroversen gewinnen dadurch an Fahrt, dass sich Experten auf beiden Seiten hinter einer gewichtigen Sache verschanzen und vehement ihre Sicht der Dinge ver-

treten. Und bei bestimmten Fragen muss man aufrichtigerweise auch einräumen, dass sie sich nicht beantworten lassen. Dass dann auch noch Leute in Machtstellungen dabei erwischt werden, dass sie lügen oder ihre Interessenkonflikte verheimlichen, macht Verwirrung natürlich unnötig größer.

16. http://healthland.time.com/2011/01/06/study-linking-vaccines-to-autism-is-fraudulent/

17. Mehrere Leser haben mich darauf aufmerksam gemacht, dass längst nicht alle Leute, die Verschwörungstheorien verbreiten, Lügner sind. Und tatsächlich glauben wohl die meisten von ihnen aufrichtig, was sie erzählen. Allerdings steht auch außer Frage, dass viele Verschwörungstheorien ihren Anfang nehmen als ausgekochte Lügen. Um nur ein Beispiel zu nennen: Wer kam als Erster auf die Idee, zu behaupten, am 11. September 2001 seien viertausend Juden im World Trade Center nicht zur Arbeit erschienen? Dieser Mensch hat bestimmt gewusst, dass er log. Der Glaube an eine jüdische Weltverschwörung, der daraus erwuchs, vergiftet heute noch viele Geister in der islamischen Welt.

18. https://www.samharris.org/blog/item/the-riddle-of-the-gun

19. Ein Leser hat mich darauf aufmerksam gemacht, dass die Lüge, die Howard hier als Beispiel anführt, effektiv ein zivilrechtlicher Verstoß wäre, und ein Mensch, der sich danach richtete, sich vernünftigerweise darauf verließe und dadurch einen Nachteil erlitte. So oder so ändert diese Unterscheidung nichts an der Schlüssigkeit von Howards nachfolgenden Aussagen.

20. J. Malcolm: The Journalist and the Murderer (Vintage, New York 1990), Seite 3

21. ebenda, Seite 32